LES
CONDAMNÉS

DE

VERSAILLES

PAR PASCAL RHAYE.

> Vous êtes heureux lorsque les hommes
> vous chargeront de malédictions, et qu'ils
> vous persécuteront, et qu'ils diront faus-
> sement toute sorte de mal contre vous à
> cause de moi. — Réjouissez-vous alors et
> tressaillez de joie....
>
> *Sermon sur la Montagne,* v. 11 et 12.

PARIS

CHEZ L'ÉDITEUR. 38, RUE DU FAUBOURG-MONTMARTRE.

—

1850

LES

CONDAMNÉS

DE

VERSAILLES.

Paris. — Imp. de Napoléon CHAIX et C⁰, rue Bergère, 20.

LES

CONDAMNÉS

DE

VERSAILLES

PAR PASCAL RHAYE.

Vous êtes heureux lorsque les hommes
vous chargeront de malédictions, et qu'il
vous persécuteront, et qu'ils diront faus-
sement toute sorte de mal contre vous à
cause de moi. — Réjouissez-vous alors et
tressaillez de joie....
(*Sermon sur la Montagne*, v. 11 et 12.)

PARIS

CHEZ L'ÉDITEUR, 38, RUE DU FAUBOURG-MONTMARTRE.

1850

INTRODUCTION.

Aux termes de l'ordonnance rendue par M. Bérenger, président de la haute Cour de Versailles, les quatre-vingt-six membres des conseils généraux désignés par le sort, se sont réunis le 10 octobre 1849 dans le chef-lieu de Seine-et-Oise. Deux nouveaux tirages ont constitué deux jurys. Le premier a statué sur le sort d'un contumace de la haute Cour de Bourges, le second a jugé les accusés du 13 juin 1849.

Cette affaire, par sa nature, par la qualité et l'importance des accusés, par les principes qu'elle soulevait, avait excité au plus haut point l'intérêt de la France et même de l'Europe entière. Aussi avons-nous pensé que quelques détails sur les antécédents des hommes politiques auxquels le pouvoir a cru devoir faire les honneurs d'une

1.

juridiction exceptionnelle, ne pourraient manquer d'être accueillis favorablement.

Mais avant d'entreprendre la biographie de ces énergiques défenseurs des idées républicaines, nous croyons devoir, en quelques mots, rappeler les faits constitutifs du procès, les phases par lesquelles ont passé les accusés, les mesures dont ils ont été l'objet.

Il n'est besoin d'apprendre à personne que l'affaire du 13 juin 1849 a été la conséquence de notre expédition en Italie. Le ministère et le président de la République, en donnant à une armée française l'ordre d'opprimer la liberté romaine, et plus tard de rétablir le pape dans son pouvoir temporel, avaient manifestement faussé l'esprit et la lettre de la Constitution et, de plus, méconnu la volonté de l'Assemblée Constituante, formellement exprimée dans la séance du 8 mai 1849, à une majorité de 87 voix. Tous les organes de la démocratie, les membres de la Montagne, et jusqu'aux représentants de la nuance la plus terne s'émurent à la fois de cet audacieux attentat.

On avait cherché à convaincre le gouvernement de sa faute ; on voulut, plus tard, essayer de le ramener au respect de la Constitution. M. Odilon Barrot et ses acolytes ne cessèrent de présenter l'expédition comme nécessaire au maintien de notre prépondérance en Italie, contre les prétentions de l'Autriche. Le cabinet renouvela d'ailleurs plusieurs fois l'assurance que la France n'avait aucunement la pensée de s'immiscer en quoi que ce fût dans les affaires intérieures des États de l'Eglise, et que les populations romaines seraient libres, après comme avant l'expédition, d'adopter telle forme de gouvernement qui leur conviendrait. La majorité de l'Assemblée législative se rangea constamment du côté du ministère, et on sait ce qui est advenu, lorsque le pouvoir a pu enfin lever le masque.

Cependant la Montagne, qui prévoyait tout ce que les déclarations du gouvernement cachaient d'arrière-pensées et de perfidie, n'avait pas cessé de combattre, en même temps que la presse, avec énergie et persévérance, les inconstitutionalités du ministère. Aux prétendues raisons d'État qu'on invoquait pour motiver l'expédition, les républicains répliquaient par le texte formel de la loi qui nous régit tous. Comme question de droit public, et pour répondre aux indignités dont les organes réactionnaires accablaient le peuple de Rome, l'opposition demandait ce que dirait la France si, sous prétexte que nous étions gouvernés par une poignée de gens sans aveu, l'Angleterre. l'Autriche ou la Russie voulaient se mêler de nos affaires et envoyaient des armées sur notre sol.

Mais aucune raison ne devait prévaloir contre un entêtement et un parti pris qui avaient leur raison d'être, comme la suite l'a prouvé. Alors l'opposition eut recours aux grands moyens, et proposa la mise en accusation du mini-tère et du président de la République.

Pendant que cet acte parlementaire suivait son cours, la population, inquiète, se trouvait dans une agitation inexprimable. De toutes parts on se demandait comment finirait ce grave conflit entre les actes du pouvoir exécutif et les devoirs que la Constitution impose à tous les délégués du souverain.

Le droit républicain, trop généralement méconnu, parce que nous sommes encore submergés par les idées monarchiques. le droit républicain semblait indiquer une issue ; c'est que le peuple, dans une manifestation imposante , libre et spontanée, dit lui-même à l'Assemblée nationale ce qu'il pensait de la conduite du pouvoir exécutif au sujet de l'expédition de Rome.

Cette manifestation se présentait trop naturellement à l'esprit, et s'appuyait sur trop de précédents, pour qu'elle eût besoin d'être concertée. Aussi, c'est à tort, selon nous, que l'on impute à quelques hommes du parti républicain de l'avoir organisée d'avance et savamment préméditée. Nous croyons, au contraire, qu'il a été établi au procès que tout le monde y avait songé à la fois, et qu'on ne s'était occupé de régler la manifestation qu'au moment de la manifestation même.

Si le peuple ne s'ébranla que le 13 juin, c'est que jusqu'au dernier moment il voulut voir quel serait le résultat des efforts de la Montagne pour faire rentrer le ministère dans le devoir, ou obtenir sa mise en accusation. Ces efforts ayant été vains, la manifestation dut avoir lieu.

M. Ledru-Rollin, partant du droit absolu, avait dit à l'Assemblée nationale le 11 juin que, la Constitution étant violée, elle serait défendue par tous les moyens, même par les armes. Mais le peuple pensa, sans doute, qu'une manifestation pacifique devait suffire ; car, de tous les faits produits aux débats, aucun n'établit, selon nous, que personne ait songé, le 13 juin, à une insurrection armée.

Quoi qu'il en soit, un fait qu'on ne peut méconnaître, c'est qu'il n'y a eu au 13 juin ni bataille ni conflit sérieux entre le gouvernement et la population de Paris. Cependant, à la suite de cette néfaste journée, un nombre immense de personnes furent arrêtées et détenues avec cette absence de formes, de procédés et d'égards, dont ne se font malheureusement pas faute les vainqueurs qui se disent *modérés*.

Plus des neuf dixièmes des citoyens emprisonnés et retenus quatre mois sous le plus léger prétexte, furent mis eu liberté dès qu'on voulut instruire contre eux autrement que sur des rapports de police. Parmi ceux qu'on retint ou qui ont pris la fuite, pour se soustraire à la détention ou décliner des juges qu'ils ne reconnaissaient point, un certain nombre furent renvoyés devant la haute Cour de Versailles, parce qu'on les considéraient comme les chefs du parti démocratique. Ce sont ceux-là, moins les acquittés, qui vont successivement trouver place dans ce volume.

D'après l'arrêt de renvoi qui précéda le décret de l'Assemblée nationale, 73 prévenus étaient destinés à passer devant la haute Cour. Mais la chambre d'accusation décida, par son arrêt du 9 août, qu'il n'y avait pas de preuves suffisantes contre six des citoyens compris dans le rapport de M. le procureur-général. En conséquence, 67 accusés seulement ont été jugés par le jury exceptionnel de Versailles.

Ces accusés sont, dans l'ordre alphabétique, les citoyens dont les noms suivent :

    * Achintre (A.-L.) (1), * André (L.-E.), * Angelot (V.), Anstett (A.), Arago (E.), Avril (L.), * Beaune (A.), Beyer (B.), * Boch (C.), Bonnet-Duverdier, Boichot,* Bureau (A.), Cantagrel (F.-J.), * Chipron (V.-C.), Cœur-de-Roi (J.-C.-B.), * Commissaire (S.), Considérant (V.), * Daniel-Lamazière (J.-B.-G.), *Delahaye (S.), Delescluze (C.),* Deville (J.-M.-J.), * Dufélix (B.-A.), * Fargin-Fayolle (S.), * Forestier (H.-J.), * Fraboulet de Chalendar (A.-F.-M.), * Gambon (C.-F.), * Guinard (J.-A.), Heitzmann (V.), Hofer (J.), Jannot (F.), Kersausie (T.), Kœnig (C.), Kopp (B.), Landolphe (F.), * Langlois (A.-J.), * Lebon (A.-N.), Lechevallier (J.), Ledru-Rollin (A.-A.), * Lemaître (M.-A.-A.),* Louriou (J.-F.-A.), Madier de Monjau (E.), * Maigne (J.-L.), * Maillard (A.), Martin-Bernard, Ménand,* Merliot dit Mérillo (J.-B.), * Monbet, Morel (H.), Pardigon (F.-C.), * Paya (J.-B.-C.), Périer, Pfliéger (C.), * * Pilhes (V.), Pyat (F.), Rattier (B.), Ribeyrolles

(1) L'astérisque* placé avant le nom indique que l'accusé a comparu aux débats. Les accusés dont le nom n'est précédé d'aucun signe ont été jugés par contumace.

(C.), Rolland, Rougeot (G.), * Schmitz (C.), Servient (J.-P.-F.), Songeon (J.-L.-N.),* Suchet (F.), Tessier-Dumotay (C.), Thoré (T.), * Vauthier (L.-L.), * Vernon (L.-A.), Villain (J.-L.).

A l'exception du citoyen Chipron, qui n'a été arrêté que dans le mois de juillet, du citoyen André, qui s'est constitué dans la seconde quinzaine de septembre, de Monbet et de Louriou, qui se sont d'eux-mêmes rendus à Versailles, et de Maillard, qui n'est arrivé qu'après l'ouverture des débats, tous les autres détenus étaient en prison depuis le mois de juin. Pendant les quatre mois de détention préventive qu'ils ont endurés, avant le commencement du procès, leur nourriture a été la même que celle des condamnés ordinaires, c'est-à-dire très-mauvaise; et même le choléra qui sévissait n'a pu porter le gouvernement à la modifier.

Et pourtant, chose remarquable, aucun, d'entre les prévenus, n'a fait entendre la moindre plainte, tant ces hommes énergiques avaient compris qu'il ne fallait pas donner à leurs ennemis cette satisfaction de savoir qu'ils étaient malheureux. Ils ont accepté le *Vœ victis*, et l'ont accepté sans murmurer.

Des vingt-huit accusés emprisonnés d'abord, dix-neuf sont restés à la Conciergerie depuis qu'ils avaient quitté le dépôt de la préfecture de police ; sept, les nommés Fraboulet de Chalendar, Alyre Bureau, Napoléon Lebon, Aimé Baune, J.-B.-Ch. Paya, Dufélix et Lemaître, après être restés deux mois et demi à Sainte-Pélagie, sont venus à la fin d'août rejoindre leurs co-accusés ; Chipron a goûté six semaines de la Force, quelques jours de Sainte-Pélagie, puis il est arrivé aussi à la Conciergerie, où l'a bientôt suivi le citoyen André.

Les vingt-huit accusés une fois réunis ont été transférés à Versailles en voiture cellulaire, le 9 octobre, veille de l'ouverture des débats.

Le procès, cependant, en ce qui les concerne, n'a commencé que le 13 octobre. Nous parlerons tout à l'heure de ce qui a occupé d'abord la haute Cour. Pour le moment, continuons de jeter un coup d'œil sur l'affaire relative au 13 juin.

L'accusation avait d'abord divisé les prévenus en six catégories ; elles se sont ensuite réduites à quatre, par l'absence du comité des écoles, mis tout entier hors de cause, et par la réunion des deux dernières en une seule et même catégorie.

Voici l'état des catégories définitivement adoptées, et les noms qu'elles groupent dans l'ordre fixé par le ministère public, ordre confirmé par la cour d'appel.

Commission des vingt-cinq. Servient, Son-geon, *Chipron, Morel, Madier de Montjau jeune, Tessier-Dumotay, * André, * Dufélix, *Lebon, Pardigon, Bonnet-Duverdier, * Maillard, Cœur-de-Roi, * Aimé Baune.

Comité de la presse. Thoré (*Vraie République*), * Langlois (*Le Peuple*), Jules Lechevallier (*Tribune des Peuples*), Delescluze (*La Révolution*), Ribeyrolles (*Réforme*), *Alyre Bureau (*Démocratie pacifique*), *Paya (*Correspondance démocratique*).

Représentants du peuple. Ledru-Rollin, Considérant, Boichot, * Commissaire, Beyer, Pilliéger, Avril, Martin-Bernard, Kœnig, Rougeot, Menand, Landolphe, Hofer, Kopp, Anstett, Rolland, Cantagrel, Heitzmann, * Suchet, *, Maigne, * Fargin-Fayolle, * Pilhes, * Daniel-Lamazière, * Boch, * Vauthier, * Deville, * Gambon, Jannot, * Louriou, Félix Pyat.

Artilleurs et autres. * Guinard, * Achintre, * Delahaye, * Merliot dit Mérillot, * Monbet, *Fraboulet de Chalendar, * Vernon, * Angelot, Kersausie, *Lemaître, Villain, * Forestier, * Schmitz, Etienne Arago, Périer.

Le ministère public, adoptant une division dans cette division même, n'a pas fait peser la même responsabilité sur tous es accusés de chaque catégorie.

Ainsi, dans la première, les citoyens Servient, Songeon, * Chipron, Morel, Madier de Monjau, Tessier-Dumotay, * André, * Dufélix, et * Napoléon Lebon, étaient accusés de complot et d'attentat, tandis que Pardigon, Duverdier, * Maillard, Cœur-de-Roi et Aimé Baune, n'étaient accusés que de complot.

Le comité de la presse tout entier n'était accusé que de complot.

Au contraire, la troisième catégorie, *représentants du peuple*, et la quatrième, artilleurs et autres, étaient, sans exception, accusés de complot et d'attentat.

Nous avons cru devoir, comme plus logique, et contrairement au système du ministère public, adopter, pour la publication des biographies, l'ordre suivant : *Représentants du peuple*; *Comité de la presse*; *Comité des Vingt-Cinq*; *Artilleurs et autres*.

L'acte de renvoi, l'acte d'accusation, les dépositions, les procès-verbaux et les pièces diverses distribués aux prévenus formaient un immense volume in-4º qui ne comptait pas moins de 1,200 pages. La publication des débats, dans le *Moniteur*, des deux réquisitoires et des incidents contient plus de huit cents colonnes, quoiqu'il n'y ait pas eu de défense.

On peut, d'après cet aperçu, se faire une idée des efforts et des soins que s'était donnés l'accusation pour établir le complot et l'attentat. Il nous est revenu pourtant que tant de peine se serait trouvée inutile, si la défense avait été libre.

Parmi les incidents curieux qu'a présentés le procès, ce n'a pas été un fait peu singulier que de voir Mᵉ Crémieux, ancien membre du Gouvernement provisoire, ancien ministre de la justice, assis au banc de la défense pour s'opposer aux prétentions de M. Baroche, qui avait contribué, quoique royaliste, à précipiter, sans le vouloir, la chute de la monarchie de juillet, et qui était à Versailles censé défendre la République contre ceux qui l'ont fondée.

Tout annonçait, du reste, une solennité et un éclat comme on n'en vit depuis longues années, car jamais cause plus belle à plaider ne se trouva en de meilleures mains. Les principes en discussion étaient le droit fondamental des peuples; les accusés semblaient avoir été choisis pour attirer l'attention ; la pléiade brillante des avocats se distinguait par les lumières, le patriotisme et la renommée.

Et comme si rien ne devait manquer à ce grand procès, les mêmes magistrats qui avaient siégé à Bourges, connaissaient encore de la cause qui les fit s'y réunir. On n'a pas oublié en effet que le contumace Huber, sur les bruits fâcheux qui se produisirent à son occasion, s'empressa de quitter Londres pour se constituer prisonnier, mais qu'il arriva trop tard pour être jugé en même temps que Barbès, Blanqui, Raspail, etc. La haute Cour de Versailles a donc vu se dérouler devant elle deux affaires de la plus haute importance : celle du 15 mai 1848 et celle du 13 juin 1849. Malheureusement le procès d'Huber, quoiqu'ayant occupé trois audiences, n'a pu avoir l'issue qu'on en attendait ; et celui du 13 juin, par suite d'une restriction regrettable, n'a pas été défendu. L'attitude des accusés a pourtant été telle, que l'intérêt qui s'attachait à eux, loin de s'affaiblir, n'a fait que s'augmenter. C'est ce qui explique la publication de la galerie que nous allons faire passer sous les yeux. Elle s'ouvrira par la biographie d'Huber, parce qu'il a été condamné à Versailles, et se fermera par celle du capitaine Kléber, comme se rattachant à l'affaire du 13 juin.

Bien que le refus de défense soit venu des accusés, et non des avocats, ainsi qu'on a voulu

l'insinuer dans le public, la conduite du barreau,
dans cette circonstance, a été trop digne, pour
que nous puissions passer sous silence les noms
des défenseurs choisis par les accusés, ou nommés d'office par le président de la haute Cour,
car tous ont également honoré leur robe.

Ces défenseurs, les voici :

Me Armand, défenseur d'office de Chipron.

Me Varin, défenseur d'André-Pasquet.

Me Bac, représentant du peuple, défenseur de Dufélix et
Fargin-Fayolle.

Mc Villaumé, défenseur de Lebon.

Me Alfred de Montjau, défenseur de Maillard et Aimé
Baune.

Le citoyen Baune, représentant du peuple, conseil d'Aimé
Baune, son frère.

Mc Rivière, défenseur de Langlois.

Mc Dain, défenseur d'Alyre Bureau.

Mc Detours, représentant du peuple, défenseur de Paya.

Mc Combier, représentant du peuple, ancien procureur-
général, défenseur de Commissaire.

Me Tourel, défenseur de Suchet.

Mc Ducoux-Lapeyrière, défenseur d'office de Maigne.

M^c J. Favre, représentant du peuple, défenseur de Pilhes,
Guinard et Monbet.

Me Michel (de Bourges), représentant du peuple, défenseur
de Daniel-Lamazière, Vauthier et Gambon.

Le citoyen Octave Vauthier, conseil de son frère L. I.
Vauthier.

Le citoyen Charles Gambon, conseil de son frère Ferd.
Gambon.

Me Chauffour, représentant du peuple, défenseur de Boch.

Me Malapert, défenseur de Deville.

M⁰ Servat , défenseur de Louriou.

M⁰ Buvigner, défenseur d'Achintre.

M⁰ Culler, défenseur de Delahaye et de Vernon.

M⁰ Laissac. anc. procureur-général , défenseur de Merliot.

M⁰ Corally, représentant du peuple, défenseur de Frabou et de Chalendar.

M⁰ Desmaretz, défenseur d'Angelot et de Forestier.

M⁰ H. Celliez, défenseur de Lemaître.

M⁰ Crémieux, représentant du peuple, ancien membre du Gouvernement provisoire, ancien ministre de la Justice, défenseur de Schmitz.

Sur trente et un accusés qui ont comparu devant la haute Cour, onze ont été acquittés. Ce sont les citoyens Louriou, représentant du peuple; Maillard et Aimé Baune, de la commission des vingt-cinq; Achintre, Delahaye, Merliot, Vernon, Angelot, artilleurs; Alyre Bureau, du comité de la Presse; Forestier, colonel de la garde nationale, et Amable Lemaître.

Les vingt autres, dont dix-sept condamnés à la déportation, et trois à cinq ans de détention, ont été transférés, en compagnie d'Huber et du capitaine Kléber, dans des voitures cellulaires, et se trouvent, depuis le 15 novembre, enfermés à la citadelle de Doullens, *maison de force et de correction!*

Tous les condamnés du 13 juin occupent un bâtiment spécial et n'ont aucune communication avec les autres prisonniers.

Quant aux contumaces, qui sont hors de France, voici le texte de l'arrêt qui, le 15 novembre 1849, les a condamnés tous à la déportation :

« La Haute-Cour, ouï le procureur-général ;

» Attendu qu'il résulte de la procédure charges suffisantes contre Servient, Songeon, Morel, L. Madier de Montjau jeune, Tessier-Dumothay, d'avoir participé, en juin 1849, à un complot ayant pour but : 1° de changer ou détruire la forme du gouvernement ; 2° d'exciter la guerre civile en armant ou portant les habitants à s'armer les uns contre les autres ; complot suivi d'actes accomplis pour en préparer l'exécution ;

» Contre E. Bonnet-Duverdier, Pardigon, Cœur-de-Roy, d'avoir participé audit complot ;

» J. Lechevalier, Ch. Delescluze, Ch. Ribeyrolles, d'avoir participé audit complot ;

» Ledru-Rollin, V. Considérant, Boichot, Rattier, Beyer, Pflieger, L. Avril, Martin Bernard, Ch. Kœnig, Rougeot, Menand, Landolphe, Hofer, Kopp, Anstett, Rolland, Cantagrel, Heitzmann, Jeannot, Félix Pyat, d'avoir pris part au complot et à l'exécution de l'attentat ;

» J.-L. Villain, Et. Arago, Perier, d'avoir participé au complot et à l'attentat ;

» Les condamne à la peine de la déportation, et solidairement, avec les condamnés précédents, aux frais du procès.

» Ordonne que le présent arrêt sera affiché à un poteau, à une place publique de Paris, lieu de l'attentat. »

Respect dans les écrits, ainsi le veut la loi, à la chose jugée ! Mais que l'opinion publique médite !

* HUBER

Voici un simple ouvrier qui, à trente-cinq ans, se trouve déjà un homme célèbre ; un ouvrier dont le nom, mêlé à un événement qui prendra rang dans l'histoire, est devenu européen.

Mais tout d'abord, parlons de l'incident qui porta Huber, en sûreté hors de France, à venir se constituer prisonnier, pour subir le jugement d'un tribunal qui ne pouvait manquer de le condamner.

Cet incident est trop présent à la mémoire de tous pour que nous ayons besoin d'y fort insister. Personne n'a oublié que Raspail, devant la haute Cour qui jugeait les prévenus du 15 mai, accusa Huber de s'être rendu, dans cette journée, l'agent de M. Marrast, et d'avoir, parmi les autres salaires payés à son infamie, pu se promener librement dans Paris pendant près de huit mois, tandis que ses co-accusés gémissaient dans les cachots. M. Monnier, secrétaire du préfet de police Caussidière, et conservé par M. Trouvé-Chauvel, vint en aide aux imputations de Raspail, et donna lecture de quelques pièces dont il assura que les originaux existaient ; ces pièces, au dire de M. Monnier,

(1) Tous les condamnés dont le nom est précédé d'un *, sont enfermés à la citadelle de Doullens. Les autres sont contumaces.

ne pouvaient laisser aucun doute sur le déshonneur d'Huber.

Dès que le journal qui rapportait ces faits, d'une apparence si accablante, tomba sous ses yeux, Huber s'empressa de quitter Londres, où il s'était réfugié, pour venir provoquer un débat contradictoire. Mettant son honneur bien au-dessus des douceurs de la liberté, ce ne fut pas sa faute, mais bien celle des circonstances, s'il arriva trop tard pour être mis en présence de ses accusateurs.

Pendant sept mois, Huber attendit dans une cellule de la Conciergerie que le jour de son jugement arrivât; et tous ceux qui l'ont vu assurent qu'il l'attend t avec calme et sérénité.

On prétend même qu'il est des hommes, parmi les plus purs de la démocratie, qui lui continuèrent leur estime comme s'il n'était l'objet d'aucun soupçon; et que s'il reçut moins de visites qu'au jour de sa puissance, car il fut un homme puissant, la profonde affection des amis qui lui restaient le rendit plutôt heureux que mécontent d'en voir le nombre diminué.

Mais arrivons aux faits qui constituent le passé du contumace de Bourges, et qui sont antérieurs au 15 mai 1848. Ceux-là, du moins, ne seront pas contestés.

Aloysius Huber est né en 1815 à Vasselonne, département du Bas-Rhin, de parents pauvres, mais, ajoute-t-on, d'une honnêteté proverbiale.

Dans son enfance et sa jeunesse, nous ne voyons

aucun fait qui mérite d'être signalé, si ce n'est l'ardeur qu'il montrait pour toutes les questions politiques, et sa tendance à se mêler activement aux hommes qui portaient dans leur cœur la haine de la monarchie.

Depuis la fin de 1832, il avait alors 18 ans, jusqu'en avril 1834, Huber fut, tantôt comme chef de section, tantôt comme simple soldat, un des membres les plus actifs de la *Société des Droits de l'Homme*. Et comme son tempérament politique lui permettait de cumuler, il était en même temps et des *Droits de l'homme* et de la *Société d'action*.

Bientôt le moment arriva où de conspirateur Huber devait devenir combattant. Le 12 avril 1834, après avoir pris une part active à l'érection et à la défense des barricades de la rue Beaubourg et de la rue Maubué, il fut blessé et arrêté. Cependant la Cour des pairs, dans le cours de l'instruction du procès d'avril, déclara sa mise hors de cause, et au mois d'octobre Huber fut rendu à la liberté.

Il en profita aussitôt pour faire partie de la *Société des Familles*, que son activité bien connue contribua puissamment à organiser.

Arrive la fameuse affaire dite du *Complot de Neuilly*. Impliqué dans ce complot, Huber est arrêté de nouveau le 25 juin 1835. Pendant qu'on procédait à son interrogatoire, se trouvant provoqué par son juge d'instruction, M. Zangiacomi, il l'apostrophe vivement, et est aussitôt, le 6 août 1835, condamné à une année de prison pour insultes envers un magistrat.

Cependant le procès du complot de Neuilly se poursuit, et une seconde condamnation, bien autrement grave, vient frapper Huber. Au mois d'avril 1836, on lui inflige six années d'emprisonnement comme ayant été mêlé au complot.

Il subissait sa captivité, lorsqu'on crut un moment pouvoir le mêler à l'affaire Alibaud. Presque tous les journaux de l'époque rapportent en divers termes un incident qui est peut-être, par les versions nombreuses et les amplifications dont il fut l'objet, la première source des bruits qui ont couru contre Huber. Voici comment en parle *la Mode*, qui nous a paru contenir sur ce fait le récit le plus dramatique :

« On racontait hier, à la chambre des pairs, l'anecdote suivante, que nous rapportons comme un on dit : Huber, un des condamnés dans la conspiration de Neuilly, en apprenant dans sa prison de Bicêtre l'attentat du 25 juin, dit assez haut pour être entendu de l'un des nombreux *moutons* de la prison, qu'il n'était pas surpris du coup tenté par Alibaud, dont il connaissait parfaitement la vie et les opinions exagérées.

» Ces renseignements ne tardèrent pas à être ramassés, et dès le lendemain M. Zangiacomi était de bonne heure dans le cabanon d'Huber, pour y solliciter des révélations sur son *ami Alibaud*. Il fit entrevoir au condamné, dans ces révélations, le gage à peu près certain d'une grâce ou du moins d'une amélioration très-notable dans sa situation. Huber n'eut pas l'air de refuser, mais il déclara qu'il ne voulait pas s'expliquer devant un fonctionnaire en sous-ordre; il s'exprima même, dit-on, d'une manière plus brutale, et manifesta l'intention de ne traiter qu'avec une puissance judiciaire d'un ordre plus élevé.

» Les ouvertures de M. Zangiacomi furent obstinément repoussées, et on jugea la chose assez importante pour que, de l'avis de la commission d'instruction, M. Pasquier et M. Martin (du Nord) se transportassent de leur personne à Bicêtre. Ils eurent une longue conférence avec Huber ; un marché aurait été conclu entre eux : il ne s'agissait rien moins que d'une grâce entière et d'un établissement avantageux à Alger ou en Amérique; mais Huber mit pour condition expresse qu'il ne s'expliquerait qu'en présence de son *ami Alibaud*. Les deux magistrats consentirent à la confrontation, et, sans perdre de temps, on se dirigea vers la Conciergerie. On ne sait pas précisément si M. Pasquier donna une place dans sa voiture à Huber; mais ce qu'il y a de certain, disait-on, c'est qu'ils arrivèrent ensemble à la prison.

» MM. Pasquier, Huber et Martin furent introduits dans le cachot d'Alibaud, suivis d'un greffier délégué à l'effet de tenir la plume pour dresser procès-verbal de la confrontation : on s'attendait à ce que cette entrevue allait jeter un grand jour sur l'instruction, qu'il en résulterait au moins la découverte de toutes les ramifications sur un grand complot, où l'*hydre*

3

de l'anarchie laisserait au moins une douzaine de ses têtes. Dès qu'Huber se trouva en face d'Alibaud, il commença par lui dire :

« Mon cher Alibaud, je ne vous connais pas, je ne
» vous ai jamais vu, mais j'avais grande envie de
» vous connaître. Je n'ai trouvé que ce moyen pour vous
» voir, et je l'ai pris ; mais pour que ma visite ne soit
» pas perdue, je vous donne le conseil de ne rien
» dire. Ils ne savent rien, et vous promettront toute
» vie sauve pour vous faire parler ; mais souvenez-
» vous de Fieschi. »

» Tout cela fut dit en bien moins de temps que nous n'en mettons à le raconter ; mais la stupéfaction de M. Pasquier et de M. Martin (du Nord) fut assez longue pour que Huber pût donner tous ces conseils à Alibaud. La mystification était complète ; les deux magistrats se regardèrent d'un air confus, ils eurent le bon esprit de ne pas se fâcher. Cependant ils ont trouvé l'anecdote trop plaisante, dans une cause si sérieuse, pour la raconter dans le rapport qui a été lu à la chambre des pairs. »

Voici comment, par un caprice bizarre de son imagination, Huber jugea à propos de mystifier deux graves magistrats. Nous avons rapporté avec quelques détails cette anecdote, aujourd'hui oubliée de beaucoup, parce que nous nous rappelons le bruit qu'elle fit dans le temps. Quant aux commentaires peu bienveillants dont elle a quelquefois été le prétexte, les journaux démocratiques ont prouvé le cas qu'ils en faisaient, par les termes dont ils se sont servis en parlant de leur *ami* Huber.

Il paraît du reste avéré que l'exactitude du fait est confirmée dans un manuscrit, laissé par Alibaud entre les mains de son avocat.

En 1837, au mois de février, Huber, qui avait voulu s'évader de la maison centrale de Clairvaux, où il était détenu, fut condamné pour cette tentative à six mois de prison.

Mais bientôt tant d'années ou de mois cumulés disparurent à la fois. La monarchie, plus généreuse que la République, telle qu'on l'entend à l'Élysée, proclama, le 7 avril 1837, une amnistie générale en faveur des détenus politiques, dans laquelle Huber fut naturellement compris.

A peine sorti, il s'entendit avec Lamieussens pour organiser la *Société des Saisons.*

Un historien de la révolution fait remarquer, à propos de la conspiration Babœuf, que depuis soixante ans il n'y a pas eu en France une seule société secrète dont la police n'ait bientôt tenu les fils. Le préfet de l'époque fut mis sans doute sur les traces de celle-ci, car il somma Huber de choisir un lieu de résidence ou de s'engager à ne plus s'occuper de politique. Huber refusa, et les journaux de juin 1837, notamment le *National*, peuvent donner une idée de l'énergie qu'il mit dans sa protestation. Traqué aussitôt, pourchassé sans relâche par les sbires du Carlier d'alors, il n'eut d'autre ressource que de se réfugier en Angleterre, cet asile des proscrits de toutes les époques, emmenant avec lui le mécanicien Steuble.

Mais « on n'emporte pas, comme dit Danton, la patrie à la semelle de ses souliers; » et parmi les hommes qui s'occupent de politique militante, combien en est il qui préfèrent souvent risquer les prisons de la France que de vivre loin d'elle en pleine liberté! A peine Huber avait-il passé quelques semaines à Londres, qu'il vint, en décembre, débarquer à Boulogne. De fins limiers devaient suivre sa piste, car il ne faisait que toucher le sol, lorsqu'il fut arrêté et mis au secret, comme accusé d'avoir participé à un complot ayant pour but de renverser le gouvernement et de proclamer la République. Ce secret dura près de six mois. Comme dédommagement, sans doute, de ses tortures, Huber fut, le 25 mai 1838, condamné à la déportation. Toutefois on voulut bien, pour le moment, se contenter de le mettre en cellule!

Il faudrait un autre Dante pour peindre tout ce qu'offre de profondes douleurs et de sombres désespoirs cet affreux système moderne qu'on appelle le régime cellulaire; appliqué dans toute sa rigueur, s'est toujours un crime de lèze-humanité; infligé aux délits politiques, il est le déshonneur de celui qui l'ordonne. On se fera une idée de la manière dont il fut pratiqué à l'égard d'Huber, lorsqu'on saura que sa mère, qu'il aimait tendrement, n'était plus depuis cinq ans, quand il apprit l'affreuse nouvelle de sa mort. O mansuétude du régime honnête et modéré !

Et cependant, telle est la force d'âme d'Huber, que jamais, durant cette horrible et longue captivité, il ne fit entendre une plainte, quoique la prison eût tellement compromis sa santé qu'il fut souvent en danger de mort Loin de puiser dans les tourments, cette haine et cette soif de vengeance que les victimes ont le plus souvent contre leurs bourreaux, Huber occupa son esprit pour calmer son sang, et, suivant le conseil d'un de ses amis, ne pouvant avoir de livres, il passa son temps à en faire.

Chose remarquable, dans les brochures qui sont sorties de cette plume inculte, on trouve des effets de style et une originalité de vues auxque's parviennent rarement les esprits les plus cultivés. Serait-ce que, selon la profonde observation de Pascal, il n'y a pour l'homme que deux situations où il puisse vraiment être beau : lorsque, dégagé de toute influence extérieure, de toute éducation incomplète, il parle dans la simplicité de son cœur, la sagesse native de son jugement; ou lorsque, à force de savoir, de réflexions et de recherches, il a pu dépouiller toutes les fausses notions et être ramené à la vérité par l'erreur.

Il est un autre point qui frappe en lisant les écrits d'Huber, et qui n'a pas échappé à l'œil exercé de Cabet: c'est le contraste entre les sentiments que le pouvoir régnant a toujours supposés à Huber, et l'expression de ses pensées. Au dire de ses adversaires monarchiques, ou républicains, Huber serait un homme de désordre de dévastation et de pillage ; et dans chacune de ses pages, on voit que l'unique préoccupation d'Huber c'est de consolider toute chose, d'arriver au bonheur général par le concours et l'harmonie de tous. On en trouve notamment la preuve dans l'*Esclavage du Riche* et dans *Quelques Paroles d'un Proscrit.*

Mais on n'arrive souvent à l'ordre que par les grandes secousses, et voilà, sans doute, pourquoi Huber, qui sent vivement les vices de notre état social, a eu si souvent à lutter contre les pouvoirs existants, de quelque nom qu'ils se décorassent.

La révolution de Février venait d'arracher, pour la seconde fois, Huber à son horrible prison. Le gouvernement provisoire, voulant le dédommager de ses souffrances, le promenait triomphalement sur les boulevarts et lui donnait à choisir, pour poste de repos, parmi toutes les préfectures de France. Huber refusa tout, parce qu'il prévit, dès le premier moment, que le gouvernement provisoire perdrait la démocratie, par ses lâches concessions aux royalistes et sa singulière façon de comprendre la République. Aussi garda-t-il toujours la plus grande indépendance, vis-à-vis d'hommes dont la plupart d'ailleurs avaient été ses camarades ou ses compagnons d'infortune.

Lors de la manifestation du 17 mars, Huber fut, de tous les orateurs qui prirent la parole à l'Hôtel-de-Ville, celui qui interpella le plus vivement le gouvernement provisoire, sur la désapprobation donnée à la circulaire tant controversée de Ledru-Rollin.

Cette attitude énergique grandit encore Huber dans l'esprit des démocrates ; si bien qu'on lui offrit successivement la candidature au grade de colonel dans quatre légions de la garde nationale de Paris, et plus tard celle de représentant aux élections générales de la Seine, ainsi que dans un département voisin. Partout on lui disait qu'on le dispensait d'une profession de foi, et que tout ce qu'on lui demandait, c'était une lettre d'adhésion. Soit modestie ou dégoût, Huber repoussa toutes les candidatures, ce qui n'empêcha pas cinquante mille voix environ de le porter à la représentation de Paris, et vingt-trois mille à celle d'Indre-et-Loire.

Mais si Huber refusa de faire partie des pouvoirs constitués, en revanche il ne se fit faute de prêcher au peuple les doctrines qu'il a professées toute sa vie. Nous voyons d'abord son nom figurer avec ceux de Napoléon Lebon et A. Barbès, au nombre des signatures qui terminent une affiche forte de civisme, et qui porte en tête : *Société des Droits de l'Homme et du Citoyen*. Huber ensuite présida le *Club des Clubs*, et, plus tard, le *Comité centralisateur*, dont il fut le premier à signer le manifeste. Le but de cette association était essentiellement et purement propagandiste.

Deux jours avant la manifestation du 15 mai, Huber venait d'être nommé gouverneur du Rainoy, à titre de récompense nationale. Il n'avait pas sollicité cet emploi : il crut devoir le refuser. C'est un fait avancé par lui, et qui n'a été contesté par personne.

Cette notice doit naturellement s'arrêter au jour de l'événement qui a donné lieu à la dernière condamnation d'Huber, condamnation par contumace, et qu'avait pour mission de valider ou d'infirmer la haute Cour de Versailles.

Mais nous ne pouvons la finir sans nous demander quel intérêt aurait pu avoir Huber à jouer le rôle ignoble qu'on lui suppose. Car, pour se déshonorer et perdre le fruit de toute une vie de sacrifices, il faut un motif, et ce motif ne peut être que l'intérêt.

Serait-ce qu'il voulait des honneurs? Mais il avait constamment refusé ceux que lui offrait le gouvernement, et les électeurs de Paris lui proposaient de nouveau, lors de la manifestation de mai, de le porter candidat pour les réélections qui allaient avoir lieu en juin!

Serait-ce par besoin d'argent? Mais tous ceux qui connaissent Huber assurent que personne n'a de goûts plus simples, et ne supporte plus aisément les privations!

Cependant, en proclamant la dissolution de l'Assemblée nationale, Huber s'est mis en contradiction avec le dogme sacré qu'il prêchait depuis dix-huit ans.

Et des hommes graves, des hommes que jamais les mauvaises haines n'avaient signalés, l'accusent, et l'accusent hautement.

Regrettons que la haute Cour de Versailles n'ait pas voulu, pour vider à fond ce conflit, ordonner la comparution de Raspail et de Blanqui ; mais **rendons cette** justice à Huber qu'il a tout fait pour l'obtenir. Pendant tout le cours des débats, son unique préoccupation a été, non de se disculper pour l'affaire du 15 mai 1848, mais de se trouver en présence de Blanqui et de Raspail.

Condamné à la déportation, par la haute Cour de Versailles, Huber a accueilli le prononcé de l'arrêt par le cri énerg'quement proféré de : *Vive la République démocratique et sociale!* Le 14 novembre 1849, il a été transféré, en voiture cellulaire, avec les vingt autres condamnés de la Haute-Cour, et se trouve avec eux à Doullens, mais dans un bàtiment séparé.

LEDRU-ROLLIN. — Il faudrait un volume pour écrire l'histoire de Ledru-Rollin et énumérer les services qu'il a rendus à la démocratie. Nous n'avons que quelques lignes à lui consacrer. Force nous est donc de réduire aux principaux faits de sa vie politique, une notice qu'il nous serait si doux de développer.

Ledru-Rollin est né en 1807. Il est le petit-fils du célèbre prestidigitateur Comus.

Quoiqu'on ne puisse guère induire des premières études la position qu'un homme prendra plus tard dans le monde, nous devons, comme historien, constater que Ledru-Rollin obtint au collége de grands et légitimes succès.

Jeune encore, il s'était fait une place honorable au barreau de Paris ; mais c'est surtout comme avocat à la Cour de cassation et comme directeur du *Journal du Palais*, que Ledru-Rollin montra tout ce qu'on doit attendre d'une imagination féconde et d'un esprit d'élite, quand ils s'allient au véritable savoir.

Ce fut seulement en 1841, à la mort de Garnier-Pagès aîné, qu'abandonnant à la fois et le *Journal du Palais* et son cabinet à la Cour de cassation, Ledru-Rollin se mêla activement à la vie politique et brigua l'héritage du député du Mans.

Les voies lui étaient préparées par quelques épisodes dont avait été semée sa carrière d'avocat. Il avait eu, en 1832, le courage de rédiger et de signer le premier, une énergique protestation contre la mise en état de siége de Paris ; et un mémoire publié sur les événements de la rue Transnonain, avait donné la mesure des service que la cause pouvait espérer de lui.

Aussi son succès dans la Sarthe ne fut-il pas un instant douteux. Le deuxième collége du Mans, comprenant bien qu'il ne pouvait donner un successeur plus digne à Garnier-Pagès, le nomma député, en juil et 1841, par 123 voix sur 127.

Le pouvoir monarchique s'émut des sympathies qui l'avaient accueilli, et chercha bientôt à les lui faire expier. Ledru-Rollin ayant prononcé dans une réunion d'électeurs, une harangue chaleureuse, le parquet la poursuivit comme empreinte de sentiments républicains, et fit condamner l'orateur à quatre mois de prison. Mais la satisfaction des royalistes fut de courte durée. Un vice de forme ayant fait casser l'arrêt, Ledru-Rollin fut renvoyé devant les assises d'Angers, dont le jury plus intelligent acquitta le député de la Sarthe ; et ce fut en vain que le ministère public voulut se pourvoir contre le nouvel arrêt.

Devant la Cour de cassation, un très-bel accident se produisit au moment où M. Dupin, alors comme aujourd'hui, procureur général, prononçait le mot de *Souveraineté du peuple*, Ledru - Rollin s'écria, dans un saint enthousiasme : « A genoux, M. le pro-
» cureur général ! à genoux ! Quand on prononce le
» nom du Peuple souverain, ce n'est pas debout,
» mais à genoux qu'il faut le prononcer. »

Ses débuts à la chambre ne se firent pas attendre : les fonds secrets, la réforme de la législation criminelle, l'agiotage sur les chemins de fer, la loi sur les annonces judiciaires lui fournirent, dès la session de 1842, l'occasion de se faire remarquer.

La discussion du paragraphe de l'adresse relatif au fameux voyage de Belgrave-Square, fut pour Ledru-Rollin, en 1844, l'occasion d'un magnifique triomphe. Dans la même session, il combattit le projet de loi sur les fonds secrets, comme il l'avait fait en 1842, comme il l'avait fait en 1843. Il parla encore sur les brevets d'invention, l'abolition de l'esclavage, les affaires de Taïti, les troubles de Rive-de-Gier.

Des pétitions intéressant les classes ouvrières adressées à la chambre pendant la session de 1845

furent pour Ledru-Rollin, qui plaida leurs intérêts
l'occasion de faire son premier pas dans le socialisme.
Tous ses autres discours de cette année furent exclu-
s'vement polit ques. Il s'éleva avec une vive éloquence contre le projet d'armement des fortifications
de Paris, combaitit à outrance les crédits supp'émen-
taires, et fit tous ses efforts pour qu'on abolît l'impôt
qui, sous le 1.om de timbre, frappa jusqu'à la Révolution de février, les journaux et écrits périodiques.

Arrive la session de 1846. Ledru-Rollin attaque
d'abord la fusion dynastique, ce scandaleux accou-
plement de la gauche et du centre gauche, de M. Thiers
et de M. Odilon Barrot. Il porte ensuite un œil in-
vestigateur sur le budget des dépenses, et combat
enfin avec une mà'e amertume les hideux trafics de
la corruption électorale.

La session de 1847 ne trouva pas Ledru-Rollin
moins actif ni moins dévoué aux idées démocratiques, et il eut occasion de déployer sur d'autres thè-
mes son éloquence et ses talents. Complètement mê é
en outre, à la grande campagne des banquets, il porta
successivement sa parole sympathique et chaleureuse
à Lille, à Châlons-sur-Saône, à Dijon. Partout un
auditoire nombreux, recue lli, vint entendre de la
bouche du maître l exposition d'une doctrine dont le
triomphe approchait.

La session monarchique de 1848 fut courte, mais
elle ne passa pas non plus sans que Ledru-Rollin y fît
retentir sa voix. Il prononça, dans la discussion de

l'adresse, un remarquable discours en faveur du droit de réunion, qu'il a toute sa vie voulu faire consacrer. On sait ce qu'il en coûta à Louis-Philippe pour avoir porté la main sur un droit antérieur et supérieur à toute loi. Pourquoi l'histoire reste-t-elle toujours sans enseignement !

Quand arriva la Révolution de février, Ledru-Rollin fut appelé par les combattants des barricades au Gouvernement provisoire. Chéri du peuple, qui improvisa le pouvoir nouveau, il était encore le héros de la *Réforme*, qu'il avait plus que personne soutenue de toute façon ; et d'ailleurs, il venait de combattre la régence alors qu'il pouvait y avoir danger. Ledru accepta avec bonheur le poste que la démocratie lui assignait dans l'espoir de la servir plus utilement.

Malheureusement, les calomnies et les outrages ne tardèrent pas à l'assaillir ; et, il faut le dire à regret, car de grandes calamités ont suivi sa faiblesse, il n'eut pas l'esprit assez révolutionnaire pour lutter contre ce torrent. Jugeant avec son cœur plutôt qu'avec sa tête, il se laissa surprendre par l'élément monarchique, qui dominait dans le Gouvernement provisoire ; et quand il voulut, aidé de Louis Blanc et Albert, se retourner pour sauver la République, la réaction était maîtresse, le peuple désarmé et la révolution vaincue.

Si heureusement doué qu'on soit, on ne peut avoir toutes les aptitudes. Ledru-Rollin, mélange de Danton et de Mirabeau, sera toujours un terrible athlète quand il s'agira de combattre les vices d'un gouverne

4.

ment; mais peut-être manque-t-il des qualités essentielles pour être un véritable homme d'Etat.

Rendons-lui pourtant ce témoignage, que l'expérience a grandement mûri ses idées; et si jamais le pouvoir lui revenait en main, il est probable que les éternels ennemis de la France le trouveraient moins facile à tromper.

Malgré les reproches qu'ils se croyaient en droit de lui faire, soit comme membre du Gouvernement provisoire, soit comme ministre de l'intérieur, soit enfin comme membre de la Commission exécutive, les voix des démocrates-socialistes n'ont pas fait défaut à Ledru toutes les fois que l'occasion s'est offerte de lui prouver que ses fautes ne pouvaient faire oublier ses services. Des élections multiples l'avaient porté à l'Assemblée constituante; plus de 400,000 voix lui furent données pour la présidence de la République, et il entra à l'Assemblée législative par l'élection simultanée de plusieurs départements, qui le choisirent à l'envi pour les représenter.

A l'heure où nous écrivons ces lignes, ceux qui toute leur vie combattirent la République, sont à la tête de la République, et Ledru Rollin est dans l'exil. C'est la seule reconnaissance que lui ait montrée la bourgeoisie, pour la protection dont il l'entoura quand il était tout-puissant. Etrange destinée que celle de tant d'illustres démocrates! La monarchie, qu'ils poursuivirent sans repos ni trève, ne se jugea pas assez forte pour les chasser de leur patrie, et le gouvernement des anciens dynastiques s'est crue assez solide pour les vouer au bannissement ou à la prison.

Ainsi se trouve justifiée cette parole de Saint-Just : « Quiconque fait une révolution à demi, creuse lui-même son tombeau ! »

Ledru-Rollin était accusé, dans l'affaire du 13 juin, de complot et d'attentat. Les royalistes, qui ne lui pardonnent pas d'avoir vigoureusement pris devant eux la défense de la Constitution, n'ont pas senti leur haine faiblir devant une condamnation capitale. Quoique sur la terre étrangère, et privé par conséquent de tout moyen de défense, le chef de la Montagne est journellement en butte aux ignobles attaques de la réaction. Mais ce doit être pour lui une compensation bien douce de voir avec quelle sollicitude empressée ses amis veillent à ce que son caractère reste intact : qu'on lise le procès de Versailles, et qu'on dise si une seule fois, directement ou indirectement, Ledru-Rollin a été attaqué sans qu'aussitôt une protestation s'élevât du banc des accusés pour défendre leur coreligionnaire absent.

Il y a quelques temps, Ledru-Rollin a fait paraître, sur la journée du 13 juin, une brochure pleine d'une mâle indignation contre ses adversaires et d'un saint enthousiasme pour la République. Le parquet a aussitôt fait saisir le petit livre comme coupable de nous ne savons quel crime. En attendant que le pays prononce sur le sort de cette page d'histoire, disons que le chef de la Montagne, par la clarté et la force de son style, par la profondeur et la justesse de ses pensées, vient de se montrer presque aussi grand écrivain qu'il est orateur éminent.

VICTOR CONSIDÉRANT. — Lorsqu'éclata la révolution de Février, la *Démocratie pacifique* était le seul journal quotidien qui représentât le socialisme, socialisme incomplet sans doute, et qui ne pourrait plus suffire aux exigences de l'idée nouvelle, mais qui pourtant, entre autres avantages, a eu le mérite d'appeler les esprits sur le terrain de la discussion. Considérant était le rédacteur principal de la *Démocratie pacifique*, et le chef aussi réel que nominal de l'école de Fourier. Cependant, et quoiqu'il se fût déja fait connaître par des travaux d'un mérite incontestable, quoique le conseil général de la Seine n'eût pas de membre plus éclairé ni plus actif, Considérant se mit à l'écart du pouvoir nouveau et ne rechercha aucun rôle.

Ce n'est pas sans doute qu'il jugeât son concours inutile. Tant d'autres, moins savants et moins connus, purent rendre des services dans ce mouvement général des hommes et des choses! Qui put donc l'arrêter? Des amis prétendent que Considérant craignit que son passé excitât la défiance et ne lui rendît la position trop difficile. Il avait, sous la monarchie, partagé cette erreur où tombèrent tant de socialistes, de croire qu'on amènerait les classes élevées à émanciper de leur plein gré le prolétariat, et sa politique s'était ressentie de ces fausses espérances. C'est donc à la crainte de voir son patriotisme méconnu qu'on attribuerait son éloignement des affaires. D'autres prétendent que Considérant, attachant une importance exceptionnelle, au point de vue de la transformation sociale, à l'organisation d'une commune modèle, ne se voulut pas laisser détourner de son but principal par une tâche gouvernementale. Quoi qu'il en soit, Considérant, jusqu'à la réunion de la Constituante, ne parut nulle part, si ce n'est à la commission des travailleurs, où Louis Blanc, qui la présidait, crut devoir l'appeler. Moins timide depuis, et plus confiant en lui-même, sa place a été marquée dans les rangs avancés de l'opposition, où il a rendu d'éminents services.

Victor Considérant est né en 1808, à Salins (Jura). Sorti de l'école polytechnique, après en avoir été l'un des meilleurs élèves, il entra dans le génie. Tout jeune encore il était capitaine de cette arme lorsque, comme son ami Alyre Bureau, fatigué des loisirs de l'état militaire, il abandonna une carrière peu compatible avec ses goûts, pour se livrer tout entier à la propagation des réformes humanitaires.

Disciple zélé de Fourier, son premier soin, en rentrant à Paris, fut de chercher à fonder un organe qui pût répandre la doctrine du maître. Mais créer un journal, trouver pour le soutenir des bailleurs de fonds, n'est pas chose facile, surtout quand on se propose de plaider la cause des malheureux.

4.

Ce ne fut pas sans de grands efforts que Considérant parvint à réaliser son projet ; encore dut-il se contenter d'abord d'une feuille mensuelle, *le Phalanstère*, devenue plus tard bi-mensuelle ; puis d'un recueil hebdomadaire, *la Phalange*. Mais enfin, comme aucun obstacle ne le rebutait, il arriva qu'en 1840 l'école put fortifier son organe périodique et le faire paraître trois fois par semaine. En 1843, cet organe se transforma en un journal quotidien, *la Démocratie pacifique*, sans préjudice de la revue mensuelle *la Phalange*.

Pourtant ce fut en vain que recueil mensuel et journal quotidien, furent rédigés avec une rare intelligence, écrits avec un remarquable talent ; la presse de Paris ne fit ni à l'un ni à l'autre l'honneur de les discuter. Le maître avait toute sa vie été traité de fou ; les disciples, à leur tour, furent considérés comme des utopistes. Quel martyre ce dut être pour Considérant, que cette longue lutte contre l'indifférence ! Cependant, son courage ne se laissa point abattre. Le dédain avait tué Fourier ; Considérant y puisa, au contraire, un redoublement de soins et d'activité.

Tant d'efforts ne furent pas infructueux. De tous les points de la France, il lui vint des prosélytes ; si bien qu'il put un jour assurer l'existence des deux journaux, ses enfants chéris.

Dès les premiers temps de son apostolat, Considérant avait groupé un à un autour de lui plusieurs hommes d'intelligence ; et comme les journaux de l'é-

cole ne pouvaient publier tous leurs travaux, il avait
fondé en 1832 une librairie phalanstérienne, qui existe
encore, et dont les publications ont rendu de notables
services au socialisme.

Considérant n'a pas peu contribué par sa plume à
donner à cette librairie la réputation dont elle jouit.
Quoiqu'il n'ait guère, à moins d'absence, laissé passer un seul numéro de la *Démocratie* sans quelque
article de son fonds, il a publié successivement les
ouvrages dont suivent les titres.

Principes du socialisme. — Petit cours de politique.
— Débâcle de la politique. — Manifeste de l'école sociétaire. — Principes philosophiques, etc. — Exposition abrégée, etc. — Destinée sociale. — Politique
nouvelle. — Théorie du droit de propriété et du droit
au travail. — Politique générale. — Souveraineté et
régence. — Trois discours. — L'Éducation attrayante.
— Sincérité du gouvernement représentatif. — Timbre des journaux. — La conversion, c'est l'impôt. —
Appel au ralliement des socialistes. — Immortalité de
la doctrine de Fourier. — Description du Phalanstère.
— Le Socialisme devant le vieux monde ou le vivant
devant les morts.

On se fera une idée de l'infatigable activité d'esprit
de Considérant, si l'on songe que tous ses travaux, il
les fit, indépendamment du journal qu'il rédigeait,
en même temps qu'il donnait ses soins au Conseil
municipal de Paris et au Conseil général de la
Seine, dont il était un des membres les plus zélés.

Considérant qui désirait, dans l'espoir d'en mieux
assurer le triomphe, exposer ses doctrines dans un
monde officiel, avait voulu être député sous la monarchie de juillet. Mais il lui manqua quelques voix à
Montargis, où il se présentait, pour pouvoir siéger à
la Chambre.

Plus heureux sous la République, Considérant a
d'abord été élu à la Constituante, dans le Loiret, par
34,370 voix, et le département de la Seine l'a envoyé
le dix-huitième à l'Assemblée législative, en l'hono-
rant de 111,241 suffrages. Le comité démocratique
socialiste fit bien quelque difficulté pour l'admettre
sur sa liste, en raison de la ligne politique qu'il avait
suivie avant la Révolution de Février; mais certains
membres firent tellement comprendre les services
qu'on lui devait, qu'un voile fut jeté sur le passé, et
que tous les délégués, sans arrière-pensée, travaillè-
rent franchement à son élection.

Considérant a dignement répondu à la confiance
dont il fut l'objet. Dans l'une comme dans l'autre Assemblée, il a voté constamment avec l'opposition la
plus avancée.

En ces derniers temps, la haine que la réaction a
vouée à Considérant a presque égalé celle dont elle
honore Ledru-Rollin lui-même. C'est que les bureaux
de la *Démocratie pacifique* ont été le centre qui a
réuni le *Comité de la presse,* si fortement attaqué
par les royalistes, et les députés de la Montagne qui

voùlaient défendre la Constitution contre les atteintes
du pouvoir.

Le ministère public accusait Considérant de complot
et d'attentat à l'occasion du 13 juin. Si le rédacteur
en chef de la *Démocratie pacifique* se fût présenté
devant la haute Cour, nous ne doutons pas qu'il n'eût
contribué puissamment à démolir le frêle échafaudage
sur lequel reposait l'accusation. Mais il a craint, et nous
ne saurions l'en blâmer, de trouver devant lui des
ennemis politiques et non des juges, et il a préféré,
si pénible qu'il fût, l'exil à la prison. Considérant a
cru, comme ses coreligionnaires de Londres, qu'une
Assemblée qui s'était rendue complice de la violation
du pacte fondamental d'un peuple, ne saurait constituer
un pouvoir régulier.

Bien qu'absent, Considérant a jeté une vive lumière
sur l'événement des Arts-et-Métiers. La presse réactionnaire ayant, selon son habitude, cherché à égarer
l'opinion et ternir certains caractères dignes de tous
les respects, Considérant a fait insérer dans le *Débat
social*, en passant à Bruxelles, une relation, sous
forme de lettres, qui présente avec une impartialité
et une lucidité remarquables les choses sous leur véritable jour. Les royalistes ont bien cherché à mettre
ses paroles en doute ; mais un témoin à charge, plus
juste qu'eux, a déjà témoigné de la véracité du récit
de Considérant. Il n'y a là rien qui doive surprendre.
Ceux qui connaissent Considérant savent que, fallût-
il sauver sa tête, il ne dirait pas un mensonge.

Néanmoins, en l'absence de tout verdict du jury, Considérant a été condamné à la déportation par la haute Cour de Versailles.

BOICHOT. — La Révolution de Février, en ouvrant une ère nouvelle à notre histoire, voulait surtout que le prolétariat fût émancipé. Rendre accessible aux enfants du peuple les fonctions de l'Etat, faire éligibles tous les citoyens fut un premier et double pas dans cette voie. Le comité socialiste de Paris avait voulu porter à la fois sur sa liste un instituteur primaire, un ouvrier travaillant de ses mains, un journalier de la campagne, un simple soldat. Riche d'ouvriers, les circonstances le forcèrent à renoncer à son projet pour les candidats à l'Assemblée nationale représentant l'école et le travail des champs. Quant au quatrième, le vœu unanime de la garnison fut qu'on ouvrit la carrière politique à deux sous-officiers et à un lieutenant qui remplacerait le soldat.

Des élections préparatoires faites pour l'armée désignèrent le sergent Boichot aux suffrages du comité démocratique-socialiste; le conclave l'inscrivit, et 127,998 voix l'envoyèrent quelques jours après siéger à l'Assemblée législative.

Le citoyen Jean-Baptiste Boichot est né le 20 août 1820, à Suize (Haute-Marne). C'est dans le 7e léger, où il s'engagea comme volontaire, le 2 mars 1839, qu'il a été successivement nommé : caporal le 1er janvier

1840, caporal-fourrier le 3 juillet suivant, sergent-fourrier le 23 septembre de la même année, et enfin sergent-major le 3 avril 1845.

Boichot, comme on le voit, franchit assez rapidement les trois premiers grades ; mais, malgré son intelligence reconnue et sa conduite irréprochable, on lui fit attendre longtemps le quatrième, parce qu'il ne cachait point sous la monarchie ses opinions républicaines. Ce fut même uniquement à ces opinions qu'il dut de ne jamais aller plus loin que sergent-major, tant la passion chez certains hommes prend souvent la place de l'équité !

Cependant, quand on sut qu'il était question de le porter à l'Assemblée nationale, ses chefs, épouvantés de cette innovation, lui offrirent l'épaulette de sous-lieutenant, s'il voulait renoncer à la candidature. Il était trop tard : Boichot déclara nettement qu'il n'avait pas sollicité la faveur de représenter ses camarades et ses concitoyens ; mais que du jour où on le désignait pour siéger parmi les membres de la Législative, il y aurait lâcheté à décliner cet honneur. Alors on l'arrêta, croyant ainsi vaincre sa résistance. Mais cet acte tyrannique n'eut d'autre résultat que de jeter l'agitation dans son régiment. Boichot, heureusement, fit comprendre que tout mouvement de nature violente servirait à point les projets de ses ennemis, et l'autorité put impunément le conduire à Vincennes. Ce petit coup d'État de Messieurs les royalistes ne fit qu'augmenter les chances de Boichot. Quelques jours après, les portes de sa prison s'ouvraient devant un représentant du peuple.

Depuis sa nomination, Boichot n'a pas cessé d'être en butte aux vives attaques et aux ignobles calomnies de la réaction. Calme au milieu de tant de fureurs, il s'est contenté d'écrire des lettres très-dignes dans les journaux, quand ses adversaires allaient trop loin, et de voter constamment à l'Assemblée nationale avec le parti de l'avenir, c'est-à-dire avec la Montagne.

Le 13 juin 1849 a été une excellente occasion pour messieurs les réacteurs de faire disparaître de l'Assemblée le représentant de l'armée. On l'a inculpé de complot et d'attentat à propos de la défense de la Constitution, et le sergent-major du 7e léger n'a pu échapper de nouveau à la prison qu'en fuyant le sol de sa patrie. Il est, par contumace, condamné à la déportation.

RATTIER. — Ce que nous avons dit de Boichot peut se dire en partie de Rattier. C'est le même principe qui l'a fait porter sur la liste des candidats de la Seine par le comité démocratique-socialiste; ce sont les mêmes haines qui l'ont poursuivi.

François-Edmond Rattier, sergent au 48e de ligne, est né à Paris le 30 avril 1822. On a remarqué que c'était un des plus jeunes membres de la Législative, et il a dû à son âge de faire partie du bureau provisoire de l'Assemblée.

Entré au service en 1843, Rattier, fut, sur sa demande, incorporé dans le corps des Zouaves. L'influence du climat algérien le força bientôt de rentrer en France pour y réparer sa santé. Mais à peine remis, il partit de nouveau pour l'Afrique, cette fois pour rejoindre le 48e de ligne, dont il partagea les fatigues et les périls.

Revenu en France avec son régiment, Rattier put, dès les premiers jours, saluer avec transport l'avènement de la République, objet de tous ses vœux. Mais il avait le malheur d'être patriote ardent et de plus socialiste : aussi la réaction l'envoya-t-ell au dépôt de Reims. C'est là qu'il apprit la nouvelle de son élection à l'Assemblée législative, hommage sympathique des démocrates qui lui fit oublier bien des ennuis. Rattier avait obtenu de ses compatriotes 110, 482 voix..

Ma'gré les railleries dont les royalistes l'ont voulu poursuivre, il est certain que Rattier eût été pour les soldats un défenseur intelligent et infatigable. Le court séjour qu'il fit à l'Assemblée le démontre suffisamment.

Rattier a refusé de se constituer prisonnier, repoussant la juridiction rétrospective de la haute Cour. Il a été condamné à la déportation par contumace.

'COMMISSAIRE. — Paris n'est pas la seule ville qui ait eu l'idée vraiment démocratique de pren

5.

dre dans l'armée des grades inférieurs, pour les envoyer à l'Assemblée nationale. Les patriotiques cités de Lyon et de Strasbourg imitèrent cet exemple aux dernières élections générales, et Commissaire, sergent au 2e bataillon des chasseurs d'Afrique, leur parut un candidat si plein de mérite, qu'elles portèrent leurs suffrages sur le même sous-officier. Il obtint dans le Bas-Rhin, pour lequel il opta plus tard, 33,474 voix, et dans le Rhône, 69,920 voix.

Un des plus jeunes membres de la Législative, Commissaire s'est constamment montré digne de la double confiance dont il a été l'objet de la part des démocrates, en votant avec les membres les plus avancés de l'opposition.

Le citoyen Sébastien Commissaire, né à Dôle (Jura) et âgé de 27 ans, était inculpé de complot et d'attentat; mais en parlant dernièrement de l'inanité des charges qui pèsent sur lui, il disait, non sans fondement peut-être, devant la haute Cour, que sans sa capote de sergent, il est probable qu'on ne l'eût pas poursuivi : il s'était du reste soustrait d'abord aux recherches de la police, mais on l'arrêta le 19 juillet à Saverne, sous le nom de *Sébastien*.

Malgré l'intérêt que semblait lui montrer le Président, qui a parlé de son excellente attitude aux débats, Commissaire n'en a pas moins été condamné à la déportation.

BEYER. — Parmi les griefs que l'acte d'accusation a reprochés à ce représentant, se trouve celui d'avoir écrit sur la porte de sa chambre à coucher : *Vive la République démocratique et sociale!* S'il n'y avait rien de plus coupable dans sa conduite, il est douteux que la haute Cour eût pu le condamner, même en l'absence du jury. Disons donc que, dans une lettre écrite au président de l'Assemblée législative, il déclare avoir signé le projet de mise en accusation des ministres, le manifeste publié le 13 juin par quelques journaux démocratiques, et avoir engagé les gardes nationaux postés aux bains Saint-Sauveur, à le suivre aux Arts-et-Métiers pour dégager ses collègues de la Montagne et protéger leurs personnes de toute violence. C'était plus qu'il n'en fallait, Boyer étant contumace, pour le faire condamner à la déportation.

Le citoyen Beyer, ouvrier peintre à Strasbourg, avait été élu dans le Bas-Rhin par 35,000 voix. C'est un républicain de la veille, qui s'était fait remarquer avant la révolution de février par son influence sur les classes ouvrières et l'énergie de ses sentiments socialistes. Il est inculpé de complot et d'attentat.

PLIÉGER. — Une grave question de procédure criminelle a a été soulevée devant la haute Cour, à propos de cet accusé. Le ministère public ayant demandé la lecture d'un procès-verbal dressé à Bruxelles par le commissaire de police Nusse, le représentant du peuple Chauffour, défenseur de son collègue Boch, a déclaré qu'un pareil acte ne pouvait être invoqué dans les débats. Il s'est fondé sur ce qu'un magistrat français ne pouvait avoir qualité, malgré tous les ordres, pour exercer ses fonctions à l'étranger. Il est certain toutefois qu'on n'a pas rejeté complétement ce procès-verbal ; car, si Ffliéger nie avoir su qu'il dût y avoir une insurrection le 13 juin, il avait donné des renseignements qui pouvaient beaucoup servir les vues du ministère public.

Quoi qu'il en soit, le représentant Pflieger, après avoir été arrêté en Belgique, a pu gagner des contrées hospitalières, la police de Léopold ayant refusé sans doute de pousser, jusqu'à le conduire aux frontières, ses aménités envers la France.

Le citoyen Charles Pfliéger, jardinier-pépiniériste, âgé de 32 ans, est né à Alkirch. Le département du Bas-Rhin l'avait nommé représentant du peuple par 33,075 voix, bien assuré qu'il s'asseoirait sur les bancs de la Montagne. Il est condamné à la déportation, mais par contumace, c'est-à-dire, sauf révision.

AVRIL. — Ce que n'avait pu réaliser le comité démocratique-socialiste de Paris, le département de l'Isère a eu le bon esprit de le faire. Il a nommé, en la personne d'Avril, un instituteur primaire, connu depuis longtemps comme socialiste. Sorti le premier de l'urne d'un département, qui n'a envoyé que des démocrates à l'Assemblée législative, Avril a obtenu 60,129 voix.

Toujours fidèle aux actes de la Montagne, L. Avril est surtout accusé de complot et d'attentat, pour une lettre écrite au trayon, trouvée au Conservatoire, et que le ministère public lui attribue.

« Cher président, dit cette lettre, l'insurrection a
» éclaté ; elle se répand dans tout Paris. La Montagne
» est en permanence, gardée par l'artillerie de la
» garde nationale. Le peuple court aux armes pour
» défendre la Constitution. Grenoblois, aux armes
» pour soutenir vos frères de Paris! Aux armes! aux
» armes! Votre représentant va peut-être mourir
» pour vous! »

Avril a été condamné à la déportation, mais par contumace. L'accusation qui pèse sur lui est donc encore à viser, comme tant d'autres, s'il lui plaît de se constituer.

MARTIN-BERNARD. — L'ami le plus étroit de Barbès, Martin-Bernard a dû à cette intimité d'être choisi pour son conseil dans le procès de Bourges. Mais on se tromperait si l'on croyait que c'est là le seul titre de ce révolutionnaire de vieille date, aux sympathies des démocrates socialistes.

Le citoyen Martin-Bernard est né à Montbrison (Loire), le 17 septembre 1808. D'abord simple ouvrier imprimeur, il est fils de ses œuvres. En 1826, il quitta

5.

son père, imprimeur-libraire à Monbrison, pour venir
à Paris travailler en qualité de compositeur typogra-
phe. La révolution de 1830 lui fut une occasion de
montrer qu'il était un de ces jeunes hommes, rares
alors, qui ne croyaient pas que la France dût rester
éternellement en monarchie. Dès ce moment, Martin-
Bernard indiqua clairement, par ses tendances au socialisme, que dans l'ordre des gouvernements, les
formes démocratiques ne doivent être qu'un moyen,
et le bien-être matériel du peuple, le but.

En 1834, Martin-Bernard fut d'abord défenseur et
accusé, puis condamné d'avril.

Homme d'intelligence autant que de courage, Martin-Bernard rédigea plusieurs articles de la *Revue républicaine*, et prit part, jusqu'en 1839, à presque
toutes les conspirations qui avaient pour but de renverser la monarchie. Il fit partie de la *Société des
Droits de l'Homme*, et fut un des directeurs de la *Société des Familles* et de celle des *Saisons*.

L'un des trois chefs de l'affaire du 12 mai 1839,
Martin-Bernard, arrêté pour ce fait, fut condamné à
la déportation et envoyé au Mont-Saint Michel, puis
à Doullens, où il resta neuf années. La République
seule pouvait ouvrir à cet intrépide démocrate les
portes de la prison, sauf à les lui rouvrir.

Après la révolution de Février, le Gouvernement
provisoire nomma Martin-Bernard commissaire-général pour les quatre départements de la Loire, du
Rhône, de l'Ardèche et de la Haute-Loire. Plus tard,

le ministre de l'intérieur lui confia la préfecture du Rhône, et dans l'une comme dans l'autre de ces fonctions, Martin-Bernard montra qu'il savait allier, suivant les circonstances, l'esprit de conciliation à une rare énergie.

Le département de la Loire envoya Martin Bernard à la Constituante, par 47,066 voix, et à la Législative, par 36,014 voix. Il a toujours voté avec les membres de la Montagne; il a, de plus, été un des fondateurs de la *Solidarité républicaine*.

Martin-Bernard est un des hommes pour qui Ledru-Rollin a le plus d'estime et d'affection. Il est à Londres avec le grand orateur, et se trouve, comme lui, iuculpé de complot et d'attentat. Interrogé d'abord comme témoin, Martin-Bernard refusa de répondre en invoquant l'inviolabilité dont il était couvert, inviolabilité qu'on pourrait être tenté de méconnaître en le transformant en accusé. L'événement se chargea bientôt de justifier que sa perspicacité ordinaire ne lui avait pas fait défaut.

Nous n'avons pas à nous expliquer sur les faits qu'on reproche à Martin-Bernard; mais une phrase de l'acte d'accusation suffit à montrer avec quelle facilité l'Assemblée nationale a autorisé certaines poursuites, malgré l'absence de toute preuve. « Il n'est pas possible, dit cet acte, que Martin-Bernard ne soit pas allé aux Arts - et - Métiers. » Voilà ce qu'on appelle aujourd'hui des éléments de culpabilité !

C'est là ce qui a fait condamner Martin-Bernard à

la déportation ! Mais par contumace, il est vrai, c'est-
à-dire par défaut.

KOENIG. — On ne s'explique pas trop la mise
en cause de ce représentant du peuple ; car s'il a voté
souvent avec la Montagne, il ne lui a pas toujours
été fidèle ; et on a remarqué notamment qu'il n'avait
point signé le dernier projet de mise en accusation.
Tout ce qu'on a allégué contre lui, c'est son nom
mis au bas de l'*appel au peuple*, publié dans tous les
journaux du 13 juin, et une lettre saisie à Colmar,
datée de Paris, le 15 juin 1849, et que deux experts
lui attribuent. Mais on sait aujourd'hui que l'appel
au peuple ne portait pas de signatures authentiques,
et quant à la décision des experts en écritures, l'expérience a montré ce qu'elles valent. Kœnig n'en est
pas moins, sur ces données, inculpé de complot et
d'attentat.

Le citoyen Charles Kœnig est né à Colmar, le 19
novembre 1797. D'abord avocat à la Cour royale de
Colmar, l'énergie de ses convictions patriotiques lui
valut d'être l'un des défenseurs de la conspiration de
Colmar. Mais en 1826, il quitta le barreau pour les
fleurs, et donna tous ses soins à un grand établissement d'horticulture qu'il venait de fonder. Il dut à
la vigueur de son opposition sous le dernier règne,
d'être nommé, en 1831, *à l'unanimité*, capitaine de
la garde nationale, et, plus tard, conseiller municipal

de Colmar. En 1847, il fut un des organisateurs du banquet réformiste de Colmar, le premier des banquets de ce genre donné dans les départements.

Après la Révolution de Février, l'élection ayant conféré, encore *à l'unanimité*, à Kœnig le commandement en chef de la garde nationale de Colmar, le Gouvernement provisoire crut ne pouvoir mieux faire que de nommer un homme aussi populaire commissaire du Haut-Rhin. La suite a prouvé l'intelligence de ce choix, car Charles Kœnig, nommé à la Constituante par 38,922 voix, fut plus tard, malgré les efforts de la réaction, envoyé à la Législative par 38,903 voix.

En attendant qu'il se présente pour vider son procès, Kœnig est condamné à la déportation par contumace.

ROUGEOT. — Maire de Saint-Dezairs. Quoique simple cultivateur, le citoyen Guillaume Rougeot a été nommé par 73,803 voix représentant du peuple à l'Assemblée législative. Il était alors républicain modéré ; mais son jugement et sa raison lui ont bientôt fait comprendre où était le parti de l'avenir, et il est devenu démocrate-socialiste. Inculpé de complot et d'attentat, le ministère public s'est appuyé, pour le poursuivre, sur une lettre signée de lui, trouvée aux Arts-et-Métiers, et qui a joué un très-grand rôle dans l'accucstion.

MENAND. — Voici un patriote qui date de loin, et qui semble n'être entré dans la vie démocratique que pour en subir les orages.

Le citoyen Emilien-Anne-Marie Menand est né à Moroges (Saône-et-Loire), le 22 septembre 1786.

En 1814, il plaidait depuit cinq ans à Châlon-sur-Saône, lorsque, pour se mettre à la tête de corps francs qui combattirent les alliés, il abandonna sa profession d'avocat. Les alliés vainqueurs, il fut obligé de quitter Châlon, où il ne rentra que dans les cent jours. La seconde restauration le trouva conseiller municipal, et le mit en accusation comme ayant favorisé le retour de *l'usurpateur.*

Amnistié en 1817, Menand fut, jusqu'en 1830, mêlé à toutes les conspirations qui tentèrent de renverser la *Légitimité.*

Nommé procureur du roi après 1830, on le destitua, en 1831, à cause de ses opinions démocratiques. Commandant de la garde nationale de Châlons, il est suspendu en 1832 pour avoir adressé à sa légion un discours trop patriotique.

Plus le gouvernement poursuit Menand, plus il grandit dans l'estime et la faveur de ses compatriotes. En 1833, il fut nommé membre du conseil général de Saône-et-Loire. Mais il n'eut pas à exercer longtemps son mandat. Ayant très-haut, en 1834, manifesté ses opinions républicaines, à propos du mouvement révolutionnaire de Lyon, il fut mis en accusation et condamné à dix ans de déportation par la Cour des pairs.

Telle était la considération dont jouissait Menand, et le dévouement que son patriotisme excitait, qu'il put longtemps rester dans son propre pays, se montrant tantôt dans un lieu, tantôt dans un autre, et narguant pour ainsi dire ses ennemis, sans pouvoir jamais être arrêté. Cependant il finit par s'exiler, afin de ne pas compromettre ses amis, passa trois ans à parcourir l'Allemagne, la Pologne et la Suisse, et ne rentra qu'en 1839, à la suite de l'amnistie qui s'étendit à tous les condamnés politiques.

De retour à Châlon, Menand fut de nouveau nommé commandant de la garde nationale et conseiller municipal.

Après la révolution de février, les républicains de Saône-et-Loire n'ont pas été moins fidèles à Menand qu'ils ne l'avaient été sous la monarchie. Elu à la Constituante par 78,644 voix, il a obtenu pour la Législative 75,367 suffrages. Le vote et le concours de cet énergique démocrate n'ont jamais fait défaut à la Montagne : aussi est-il de nouveau persécuté. Inculpé de complot et d'attentat, parce qu'on l'accuse d'avoir, comme Rougeot, signé la lettre trouvée aux Arts-et-Métiers et adressée à *Duchesne, à Châlon*, Menand a été condamné à la déportation par la haute Cour de Versailles, jugeant sans jurés.

LANDOLPHE.—C'est déjà le troisième représentant de Saône-et-Loire impliqué dans l'affaire du 13 juin. Comme ses collègues Rougeot et Menand, on l'accuse d'avoir signé la lettre à Duchesne, imprimeur à Châlon-sur-Saône, et d'avoir mis son nom au bas de l'appel au peuple publié dans les journaux et dans l'appel aux armes daté du Conservatoire.

François Landolphe, âgé de 40 ans, est un ancien professeur. Il a été, sous la monarchie, membre de la *Société des Droits de l'Homme,* détenu politique, puis amnistié. Le Gouvernement provisoire l'avait nommé consul, après février; mais il dut se retirer devant la réaction, dès qu'elle eut levé la tête. Traduit devant le conseil de guerre, comme accusé d'avoir pris part aux événements de juin 1848, Lanvolphe fut acquitté le 18 février dernier.

Le patriotique département de Saône-et-Loire, d'où ne sont venus que des représentants républicains, a nommé Landolphe à la Législative par 73,609 voix. C'est un démocrate-socialiste qui a toujours voté avec la Montagne. Il est condamné à la déportation, par contumace.

HOFFER.—Dans la déclaration faite à Bruxelles par l'inculpé Pfliéger, son collègue du Haut-Rhin, et qu'on a peine à s'expliquer, le représentant Hoffer est signalé comme ayant été le 13 au Conservatoire. Son nom, d'ailleurs, est au bas de l'appel au peuple et de l'appel aux armes. Il a refusé de répondre quand on a voulu l'interroger : c'était plus qu'il n'en fallait pour que le procureur-général demandât à exercer des poursuites que l'Assemblée s'empressa d'autoriser. Accusé de complot et d'attentat, il a été condamné à la déportation par la haute Cour, jugeant sans jurés.

Josué Hoffer, âgé de 44 ans, a été envoyé à la législative par 33,776 voix démocrates socialistes. Il a toujours voté et agi avec la Montagne.

KOPP. — Ce citoyen éminent n'a que 32 ans, et il est déjà docteur ès-sciences, ancien professeur de l'école normale et ancien professeur de chimie à la faculté de médecine de Strasbourg. Aussi, la France l'ayant forcé de s'expatrier, l'étranger s'est empressé de lui offrir une chaire, afin d'utiliser son talent et ses lumières. Qui sait si, grâce à MM. les royalistes, nous ne verrons pas se renouveler quelque jour les tristes effets de l'édit de Nantes ?

Le citoyen Basile Kopp est socialiste depuis 1833.

Il avait d'abord embrassé la doctrine phalanstérienne. Depuis la République, il a écrit des articles remarquables dans le *Démocrate du Rhin*, ce journal dont un ex-employé est si fort venu en aide au ministère public dans son accusation contre Paya. Le département du Bas-Rhin a nommé Kopp à la Législative par 34,546 voix. Ce jeune, énergique et savant

6.

démocrate a toujours voté avec la Montagne. Il a été compris dans l'accusation de complot et d'attentat, quoiqu'il ait déclaré u'avoir signé ni l'appel au peuple ni l'appel aux armes. Il est condamné à la déportation.

ANSTETT. — C'est encore un représentant qui affirme n'avoir signé ni l'appel au peuple ni l'appel aux armes, mais que la déclaration de Pfliéger a fait poursuivre. Pflieger a dit l'avoir laissé au Conservatoire; et quoique l'authenticité légale de la déclaration soit contestée, Anstett n'en est pas moins forcé de vivre dans l'exil pour éviter la prison.

Antoine Anstett, âgé de 39 ans, est né à Schelestadt. Il a été nommé dans le Bas-Rhin à la législative par 34,400 voix. C'est un démocrate-socialiste, et son concours n'a jamais fait défaut à la Montagne. Accusé de complot et d'attentat, il a été condamné à la déportation par contumace.

ROLLAND. — Ce représentant n'a rien de commun, quoiqu'il soit élu par le même département, avec le Rolland que 117,864 voix envoyèrent à la Constituante.

Le citoyen Auguste Rolland est un ancien militaire qui a professé à Bourges, où il eut l'occasion, il y a dix-huit mois, de prononcer un discours très-

énergique et naturellement fort attaqué par la réaction. C'est un démocrate-socialiste que les patriotes
de Saône-et-Loire récompensèrent de son dévouement à la cause républicaine en le nommant à l'Assemblée législative. Il sortit le septième aux dernières
élections générales, et obtint 73,370 suffrages.

Accusé de complot et d'attentat, parce que son nom
s'est trouvé au bas de l'appel au peuple inséré dans
les journaux du 13 juin, et au bas de l'appel aux
armes daté du Conservatoire, il a été condamné à la
déportation par la haute Cour jugeant sans jurés.

CANTAGREL. — Après cinq mois d'une détention préventive aussi injustifiable que son arresta-
tion, Allyre-Bureau, un des prévenus du 13 juin,
se trouvait enfin en présence du ministère public.
M. l'avocat-général de Royer s'en est rapporté, faute
d'aucune preuve, à la sagesse du haut-jury. Heureusement pour Allyre-Bureau que son concours à la
Démocratie pacifique a été reconnu purement admi-
nistratif, car s'il eût été coupable de rédaction, il lui
fût inévitablement arrivé ce qui est arrivé à Langlois
et à Paya : le jury eût été sans pitié.

Dans les explications qu'il a données sur la publication de la *Démocratie pacifique*, M. l'avocat-général
de Royer a fait la première part à Considérant. La
seconde a été pour Cantagrel. Nous devons donc,

quoiqu'il soit contumace, parler de cet accusé avec quelque étendue.

François Cantagrel, né à Chinon (Indre-et Loire) et âgé de quarante ans, est originaire d'une famille de l'Aveyron.

En 1835, Cantagrel, qui était conducteur des ponts-et-chaussées, coopéra, sous les ordres de M. l'ingénieur Emmery, à la direction des travaux du pont d Ivry. Ce fut lui qui dessina les magnifiques planches de l'ouvrage publié par le directeur en chef des travaux, sur la construction de ce pont.

Plus tard, Cantagrel fut employé dans les travaux de la navigation de la Seine sous les ordres de M. Stappfer.

Dans le courant de 1839, la *Phalange* commença la publication de ses dialogues, réunis plus tard en volume, sous le titre de : *le Fou du Palais-Royal*. Cet ouvrage de propagande phalanstérienne, spirituel et de lecture facile, répond aux sévères objections que soulevaient les idées de Fourier. Il eut un immense succès.

Dès la fondation de la *Démocratie pacifique*, Cantagrel, qui était déjà, nous l'avons dit, rédacteur de la *Phalange*, fut un de ses co laborateurs actifs. Il en devint même le gérant, postérieurement à 1843.

En 1847, Cantagrel publia une brochure remarquable et remarquée sur le corps des ponts-et chaussées et l'organisation des travaux publics.

La monarchie n'était pas favorable aux candidatures socialistes ; mais après l'établissement de la République, Cantagrel brigua les suffrages de ses compatriotes de l'Aveyron. Malgré son drapeau franchement arboré, il réunit près de 15,000 voix ; ce qui ne put toutefois l'amener à la Constituante.

Loin que son zèle se refroidît par cet insuccès, il se raviva au contraire. Cantagrel fit, dans le courant de 1848 et le commencement de 1849, une propagande socialiste extrêmement active, que compléta le banquet de Nantes, au mois de février, et celui de Blois en mars de la même année.

Aux dernières élections, le département de Loir-et-Cher récompensa le zèle si constant de Cantagrel à la cause du peuple, en le nommant représentant à la Législative par 24,226 voix.

Accusé de complot et d'attentat, Cantagrel, qui était contumace, a été condamné par la haute Cour de Versailles à la déportation.

HEITZMANN. — Le peuple, dans son admirable instinct, n'a pas cessé, pour les élections de la Législative, de comprendre les bienfaits qui pouvaient résulter pour sa cause de la nomination de quelques citoyens pris dans ses rangs. Il appartenait au département de Saône-et-Loire, qui avait donné, durant de longues années, à l'intrépide Menand tant de preuves de sympathies, de s'en souvenir plus que tout autre.

6.

Le citoyen Hector Heitzmann, âgé de trente trois ans et natif de Lyon, était ouvrier mécanicien dans les ateliers du Creusot, quand le peuple voulut l'appeler à l'honneur de le représenter. Le club démocratique qu'il présidait avec autant de fermeté que d'intelligence, et ses discours socialistes prononcés en diverses occasions, lui valurent 72,686 voix, quand vint le moment de se prononcer entre le royalisme et la République. Heitzmann a toujours voté avec la Montagne : aussi n'a-t-il pas manqué d'être poursuivi à l'occasion du prétendu complot du 13 juin. Outre son nom mis au bas de l'appel au peuple, ainsi qu'au bas de l'appel aux armes, l'accusation lui reprochait d'avoir signé deux lettres du Conservatoire, adressées aux citoyens Duchêne, Roth-Grapin, et dont la première se terminait par ces mots : « Communiquez cette lettre au bassin houiller, à Mâcon ; il n'y a plus à hésiter. »

Heitzmann, qui était contumace, a été condamné à la déportation.

* **SUCHET** — Commissionnaire en marchandises et ancien maire de Toulon, ce représentant du peuple a des qualités comme homme privé qui lui ont mérité l'estime et la sympathie des opinions les plus diverses. Il est démocrate et socialiste ; mais c'est à tort qu'on lui a reproché dans les journaux de la réaction d'avoir été Saint-Simonien. S'il s'en défend, comme il le dit lui-même, ce n'est pas qu'il veuille condamner une doctrine qui faisait tant de bruit naguère, mais tout simplement pour rendre hommage à la vérité.

Le citoyen Fulcran Suchet, âgé de trente-sept ans, est né à Toulon ; aussi le désigne-t-on communément sous le nom de Suchet (du Var). Il a été nommé à la Législative dans son département par 36,981 voix. Il a toujours voté avec la Montagne et faisait partie de la réunion de la rue du Hasard.

Accusé dans l'affaire du 13 juin, non-seulement d'être allé au Conservatoire, mais encore de s'être rendu à la mairie du 6e arrondissement pour en ramener le colonel Forestier, il a dû à ses explications personnelles le bénéfice des circonstances atténuantes, et n'a été condamné qu'à la détention, tandis que dix-sept de ses co-accusés ont été frappés de la déportation.

C'est le citoyen Suchet qui avait pour défenseur Me Tourel, dont le talent et surtout l'énergie ont été par deux fois si fort remarqués devant la haute Cour, notamment dans l'affaire Petit.

Quant à l'accusé lui-même, on a pu voir aux débats les témoignages honorables qui se sont produits en sa faveur. Nous les compléterons en donnant quelques détails sur ses antécédents, qui serviront à le mieux faire connaître.

Après avoir été capitaine-commandant de l'artillerie de la garde nationale, Suchet fut nommé maire

de Toulon par le commissaire de la République,
Emile Ollivier, et à la demande de la presque unanimité de la population. Entré en fonctions le 17
mars 1848, révoqué le 5 mai 1848, par arrêté du citoyen Lucien Guignes, commissaire du gouvernement
ayant remplacé le citoyen Emile Ollivier pour le département du Var, il dut être réintégré le lendemain
6 mai, à la suite d'un mouvement populaire, et fut définitivement remplacé le 17 juillet 1848, par décret de
Cavaignac, chef du pouvoir exécutif. Voici ce qui
s'était passé.

Suchet avait, pendant qu'il était maire, un commissaire central guizotin et un sous-préfet, républicain avant 1830, qui s'était hâté de se rallier à Louis-
Philippe et avait, après l'établissement de la République, capté la confiance du commissaire-général
Emile Ollivier. Tant que Suchet, qui n'avait accepté
la mairie qu'après cinq sollicitations successives,
avait été utile aux vues de la réaction, on l'avait soi-
gneusement ménagé ; mais aussitôt qu'on put concevoir l'espérance de le renverser, on médita sa perte
et on le révoqua ; et cela ne fut pas long, car à Toulon comme ailleurs la réaction leva bientôt la tête.

Le commissaire central de Toulon avait mis en jeu
plusieurs intrigues en vue de faire haïr la République
en général et le maire Suchet en particulier. Comme
ce commissaire, quoique relevant de l'autorité centrale, dans l'ordre hiérarchique, était payé sur les
fonds de la mairie, Suchet prit sur lui de le révoquer,

avec l'assentiment de la commission municipale. Cependant, à la prière de M. Lubrière, qui fit valoir des questions d'humanité, toutes puissantes sur le cœur de Suchet, celui-ci consentit à proroger ses fonctions d'un mois. Le commissaire, loin de se montrer reconnaissant, employa ce mois à nuire à Suchet dans l'esprit de l'autorité et à consolider sa position; en sorte que, le moment venu de quitter ses fonctions, il répondit insolemment, *en marge* de la lettre du maire, qu'il ne les résilierait que de l'ordre de l'autorité supérieure. Suchet alors eut recours à des moyens énergiques, et, malgré le sous-préfet, maintint sa décision contre ce mauvais agent. Le sous-préfet obtint aussitôt la révocation de Suchet. Mais cet acte fut cause d'un mouvement dans toute la ville qui pouvait avoir les plus graves conséquences, sans la sagesse du maire révoqué. Nous n'entrerons pas dans les détails de cet incident, trop long pour tenir place dans une biographie. Disons simplement que, forcé par le cri de la population, le préfet du Var fut contraint de rétablir Suchet à la mairie. Alors la commission municipale, dont onze membres sur quinze avaient donné leur démission pour ne pas se séparer de Suchet, reprirent leurs fonctions avec lui.

Le second fait n'est pas moins caractéristique, quoique réveillant des idées différentes. Suchet étant maire, avait remarqué l'exploitation du peuple par les boulangers. S'entourant alors de toutes les lumières qu'exige une matière aussi difficile, il aurait trouvé le moyen de faire baisser de 25 0/0 le prix du pain. Il serait même allé plus loin, sans les haines coalisées des boulangers et des gros négociants ou courtiers en blés, qui obtinrent sa révocation, du ministère Cavaignac avant qu'il pût mettre en application le nouveau tarif. Nous ne craignons pas de dire que ce fut un malheur pour Toulon, et même pour Marseille et d'autres villes, qui, sans aucun doute, auraient suivi le mouvement imprimé.

A l'Assemblée nationale, Suchet, qui était prêt, espérait débuter par la réforme de cette matière dont il voulait saisir ses collègues. Il est bien à regretter que sa condamnation ne lui ait pas laissé le temps de poursuivre d'aussi louables projets !

*MAIGNE.—Tous ceux qui ont suivi le procès de Versailles savent de quelle force d'âme est doué ce jeune défenseur du peuple. Admis autrefois dans l'intimité de Charles Teste, son caractère, naturellement vigoureux et ferme, a puisé encore dans ces relations fraternelles un nouveau degré d'énergie.

Le citoyen Jules Maigne, élu le cinquième à la Législative par son département, est né en 1816, à Brioude (Haute-Loire).

C'est un combattant de Février, mais on s'est trompé en disant qu'il avait rempli, depuis la Révolution, les fonctions de sous-commissaire de la République.

C'est officieusement qu'il fut passer quelque temps à Brioude. Rentré à Paris, après les journées de juin, il fit partie du Comité démocrate-socialiste, et de la rédaction d'un journal mensuel, *le Défenseur du Peuple*. Lors de l'élection du 10 décembre, il présida le Comité du 11e arrondissement. Un de ses biographes le fait encore prononcer des discours à divers banquets socialistes. C'est une seconde erreur, et nous ajoutons qu'il n'est guère dans la nature de Maigne de rechercher ce mode d'enseignement pour le peuple.

Avant de faire partie du comité démocrate-socialiste, Maigne avait été déjà du Conseil central des élections socialites.

Outre son attitude et son langage, qui ont attiré sur lui une attention particulière, sa présence au procès de la haute Cour a été l'occasion de divers incidents que le pays n'oubliera pas de sitôt. C'est à lui, notamment, que le capitaine Goubeau, de la 6e légion, est venu se vanter d'avoir répondu, quand il invoquait aux Arts-et-Métiers son inviolabilité de représentant : « Représentant de quoi ? de la canaille..... » propos qui valut à ce témoin une énergique protestation de Maigne, et à M. le président Bérenger des observations assez vives de la part du citoyen Deville, sur l'impunité qui couvrait la parole de certains hommes, tandis qu'on frappait les autres pour le moindre mot discourtois.

Maigne est un de ceux qui n'avaient pas voulu reconnaître la compétence de la haute Cour et du haut

jury pour les juger, et il en a rappelé plusieurs fois
les motifs pendant le procès. Lorsqu'après le verdict,
M. le président Bérenger lui demanda s'il n'avait
rien à dire sur l'application de la peine, Maigne répondit avec force et dignité :

« Pour rendre témoignage au droit souverain des
peuples, et aussi à la souveraineté qui les lie ; pour
placer en face de l'histoire, des sévérités de l'histoire,
une intervention qui sauvegarde l honneur de la
France, notre mère bien aimée, oui, bien aimée!
toute peine nous sera douce, et nous ne marchan-
derons pas. C'est donc à vous, messieurs, et non à
nous, qu'il importe de savoir jusqu'à quel point vous
voulez descendre dans la voie d'iniquités qui vous a
été ouverte par un gouvernement prévaricateur..... »
Ici, la parole fut retirée à Maigne par le président,
qui, quelques instants après, prononçait contre l'accusé la peine de la déportation.

* **FARGIN-FAYOLLE.** — Né en 1812, à La-
maide (Allier), où il est propriétaire, le citoyen Fargin-Fayolle a, de tout temps, été, avant la Révolution
de Février, dans les rangs les plus avancés de l'opposition démocratique. C'est un des bons amis de Ledru-Rollin : ami politique, ami de cœur.

Se trouvant à Moulins, lors de la révolution de
Juillet, il fut un de ceux qui arborèrent le drapeau
tricolore à l'Hôtel-de-Ville, malgré l'opposition qu'ils

rencontrèrent de la part de l'autorité civile et militaire.

En novembre 1830, Fargin-Fayolle vint à Paris pour y étudier le droit. Mais la politique militante continua d'avoir une large part dans l'emploi de son temps. Vers la fin de cette même année, il fut reçu à la *Société des amis du peuple*, dont il fut un des membres les plus actifs et les plus énergiques. Ce qu'on sait de sa conduite va le prouver. Le 1er juin 1832, la police ayant voulu apposer les scellés sur les portes de la place Saint-André-des-Arts, où se réunissait la Société, Fayolle, avec quelques frères aussi intrépides que lui, opposa une résistance qui le fit, le 11 août suivant, condamner à un an de prison.

Reçu licencié en droit, en 1835, par la faculté de Poitiers, il passa deux ans dans cette ville, ne s'occupant pas moins de combinaisons politiques que d'actes de procédure. Tout ce qui était de nature à renverser la royauté pour amener la République, trouva toujours Fayolle disposé à l'accueillir.

Depuis, à Paris comme à Rouen, où il séjourna plusieurs années, Fayolle ne cessa de contribuer de sa personne et de sa bourse à préparer l'avénement de la démocratie. Aussi, quand éclata la Révolution de Février, le vit-on combattre avec ardeur à côté de ses amis de *la Réforme*.

Élu dans l'Allier, à la Constituante, par 47,418 voix, Fargin-Fayolle a été réélu à la Législative dans le même département, par 40,497 voix. Démocrate et

7

socialiste, il n'a pas laissé passer un seul vote, un seul acte de la Montagne sans s'y associer.

Le témoin Grégoire , qui a joué un si triste rôle dans les débats de la haute Cour, prétend que Fargin-Fayolle, arrêté aux Arts-et-Métiers, aurait dit dans la cour des laboratoires : « Artilleurs, tenez bon, ne vous retirez pas ! » Mais ce qui a surtout été curieux, dans l'accusation qui pesait sur ce représentant, c'est l'histoire d'une boîte contenant des journaux et des couteaux de table, dont le ministère public tenait l'envoi pour coupable au premier chef.

Jugé sans que son défenseur, pas plus que les autres, eût été entendu, Fargin-Fayolle a été, le 13 novembre, condamné à la déportation.

PILMES.—Il n'est pas rare de rencontrer de par le monde des hommes qui, faits sur un certain modèle, se figurent que toutes les individualités doivent être façonnées dans le même moule, et trouvent très-mauvais qu'on se permette de penser et d'agir autrement qu'eux. Que de personnages illustres ont été traités de niais, parce qu'ils n'embrassaient pas, au gré de leur famille, se croyant plus sage qu'eux, le commerce ou une profession mécanique. Heureusement pour la science autrefois, et aujourd'hui pour la politique, que les caractères d'une certaine trempe ne se laissent pas facilement détourner de leur voie ; heureusement aussi que le temps commence à faire juslice de cette superbe arrogance qui fit mettre pendant de longues années Descartes lui-même à l'index. A ceux pourtant qui tenteraient encore de se croire le privilége exclusif d'indiquer aux jeunes gens la carrière qu'ils doivent suivre, nous conseillerons de lire ce que dit Goëthe, dans son *Faust,* de la différence des organisations, et du compte qu'il faut tenir de certains penchants. En attendant, voici un citoyen que bien des gens jugeront sévèrement ; car ayant tout en main pour faire sa fortune dans le commerce, il a sacrifié, présent et avenir, relations, pour se lancer à plein collier dans la politique révolutionnaire.

Tout jeune encore, puisqu'il n'avait que 31 ans au procès de Versailles, le citoyen Victor Pilhes, né à Tarascon (Ariége), est déjà de longue date dans le parti. Républicain dès l'enfance, il fut, avant Février, membre du comité central des sociétés secrètes. Il a depuis fait partie de l'administration du journal *le Peuple,* fondé par Proudhon. C'est un des grands amis de ce socialiste fameux.

Comme peu, très-peu d'hommes sont admis dans l'intimité du célèbre auteur des *Contradictions économiques*, on ne verra pas sans intérêt probablement quels antécédents ont valu à Pilhes un attachement que tant d'autres ambitionneraient, même aujourd'hui que Proudhon détourne, par sa polémique, bien des esprits de son giron.

Après avoir fait ses études au collège de Pamiers, Victor Pilhes s'était fait inscrire, comme étudiant, à l'école de médecine de Toulouse. Mais, à dix-neuf ans, et lorsqu'il n'avait plus que quelques inscriptions à prendre, un invincible besoin d'activté et le desir ardent de connaître le monde, lui firent envisager avec répugnance la profession paisible où il allait entrer. Pilhes alors abandonne sans hésitation les études poursuivies pendant deux ans, quitte Toulouse et se rend à Bordeaux, puis à Paris, pour suivre la carrière du commerce. Seulement, comme avec le besoin d'activité s'était éveillé en lui l'amour du peuple, dont il avait de bonne heure appris les misères, dans un pays fécond en malheureux, Pilhes fit marcher de front, à Paris, l'industrie et la politique ; si bien que lorsque, en 1840, une maison considérable lui confia le placement de marchandises en province et à l'étranger, il put être à la fois voyageur de commerce et propagandiste très-actif de la cause républicaine. La presque totalité de la France, la Belgique et la Suisse sont le vaste champ où son ardeur infatigable se déploya tour à tour.

Pilhes, qui fut, avec Flocon, Grandmesnil, Caussidière, Baune, etc., un des fondateurs de la *Réforme*, avait, en même temps que la politique, étudié la science sociale. Il passa d'abord par le communisme, où il s'arrêta peu, crut un instant voir la vérité dans la doctrine de Pierre Leroux, et saisi enfin par la dialectique de Proudhon, alors presque inconnu dans le monde politique, il devint son ami et s'efforça de lui ouvrir les colonnes d'un journal quotidien. Ce fut en vain, il est vrai, car la démocratie tenait peu alors à traiter les questions sociales. Néanmoins, Proudhon n'a jamais oublié le dévouement dont Pilhes, dès cette époque, lui donna des preuves manifestes, et il lui a renouvelé plusieurs fois qu'il ne l'oublierait jamais.

En 1846, Pilhes, emporté par le mouvement souterrain des idées, et prévoyant, comme tant d'autres, une révolution prochaine ; Pilhes, qui était, comme nous l'avons dit, membre actif d'une société centrale reliant entre elles toutes les forces révolutionnaires de la France, Pilhes abandonne une position honorable et lucrative dans le commerce, pour se livrer tout entier et sans restriction à la propagande politique et sociale.

C'est alors que, toujours lié à Proudhon, il cherche, de concert avec lui, à fonder le journal *le Peuple*, dont le premier prospectus date de la fin de 1846, et qui allait enfin paraître, lorsqu'éclata le mouvement de Février.

Pilhes prit une part active à cette légitime insurrection du peuple ; mais il ne tarda pas, tout en l'appuyant, à signaler les mauvaises tendances du Gouvernement provisoire qui, dès le premier jour, se laissa envahir par la réaction. Afin d'atténuer, autant qu'il était en lui, les funestes penchants de la majorité, Pilhes, toujours de concert avec Proudhon, fonda, *rue Croix-des-Petits-Champs, la librairie de la Révolution,* dont la première publication fut *la Solution*

7.

du Problème social. Cet ouvrage de grande portée, comme tout ce qui sort de la plume puissante de Proudhon, s'arrêta malheureusement aux deux premières livraisons, l'éditeur ayant dû accepter une mission de confiance, dans l'intérêt d'un pays placé en des mains rétrogrades; car le département où est né Pilhes était alors sous l'influence tout absolue de l'ancien député Darnaud, et l'on sait qu'en fait de république, jamais M. Firmin Darnaud n'a été plus loin que ses amis Odilon Barrot et Thiers.

Après la manifestation du 17 mars, dont il avait été un des organisateurs, Pilhes fut nommé, par Ledru-Rolin, commissaire du gouvernement dans l'Ariége. Les sympathies que cet ardent révolutionnaire avait su se concilier dans le peuple, le firent élire à la Législative, par 18,694 voix, malgré toutes les intrigues de la réaction, qui l'avait accablé de calomnies et d'outrages, à cause de son zèle pour la cause socialiste.

Lorsque le procès de Versailles pourra être connu autrement que par le *Moniteur* et les comptes-rendus imparfaits qu'en ont faits bien d'autres journaux, on ne sera pas peu surpris de voir sur quelles accusations Victor Pilhes a été condamné. Mais ce n'est pas le moment de nous livrer à cet examen.

Disons seulement que Pilhes s'est associé à tous les actes de la Montagne, et que sa conduite comme représentant du peuple n'a pas peu contribué sans doute à le faire accuser d'attentat et condamner à la déportation.

*DANIEL-LAMAZIÈRES.—Avant d'être con-
damné à la déportation, Daniel-Lamazières avait été
frappé par la haute Cour d'un emprisonnement de
trois mois, pour avoir dit à un témoin qu'il mentait
s'il osait soutenir une assertion déjà émise. Interpellé
par le président s'il voulait se rétracter, il préféra
risquer la prison que de retirer sa parole, car c'est un
caractère d'une énergie peu commune.

Le citoyen Daniel-Lamazières, agé de 37 ans, est
né à Saint-Léonard (Haute-Vienne), qu'il a adminis-
tré comme maire depuis la révolution de Février.
C'est un propriétaire soignant lui-même son bien, et
qui est devenu socialiste en expérimentant tout ce
qu'infligent de misère au travailleur des campagnes
la domination de la bourgeoisie et le règne du parasitisme. 30,125 voix de la Haute-Vienne l'avaient élu
à la Législative.

Il est cruel, a dit Jules Favre, à propos de la retraite
de la défense, de se voir la main pleine de vérités, et
de ne pouvoir pas l'ouvrir; de n'avoir qu'à souffler
sur l'accusation pour la faire disparaître, et de s'abs-
tenir complétement. » Nous croyons que nul plus que
Daniel-Lamazières n'avait d'intérêt à ce qu'on parlât.
Il n'a cependant pas hésité à imposer silence à son
défenseur, acceptant pour sa part, comme tous les
autres, cette grande parole de Michel (de Bourges) :
« Ce n'est pas leur personne que les accusés tiennent
à sauver, c'est le droit. »

* **BOCH**. — C'est le plus jeune membre de la Législative, et il a dû à son âge de faire partie, comme secrétaire, du bureau provisoire de l'Assemblée.

Charles Boch est né à Strasbourg, le 30 mars 1824. Après avoir fait ses études dans cette ville, il entra dans le commerce où il resta pendant six ans. Mais sa vive imagination avait protesté bien souvent contre le prosaïsme des affaires, et comme l'oiseau impatient de liberté, qui rompt enfin les barreaux de sa cage, et s'envole à travers champs ; Boch s'échappa un beau jour, et se dédommagea, en parcourant la France et l'Allemagne, du joug qu'il avait été si longtemps à secouer. Ce fut dans les années 1847 et 1848 qu'il accomplit ce voyage artistique.

Au retour de cette double pérégrination, le jeune homme aux libres allures se fit agriculteur ou plutôt viticulteur. Entre temps, Boch étudia la politique et aussi le socialisme. L'école en vogue alors, parmi les hommes qui rêvaient l'émancipation du travail, était celle de Fourier. Boch scruta les doctrines et partagea presque toutes les vues du maître, à l'encontre des saint-simoniens, qui ne prenaient des théories de Fourier, comme application immédiate, que la partie industrielle.

C'est au milieu de ses méditations sur le système qui peut le mieux convenir pour fonder l'avenir et amener le règne du vrai droit, que la faveur publique vint surprendre Boch pour le faire représentant du peuple. Il fut élu à la Législative, dans le département du Bas-Rhin, par 36,453 voix. Tout le temps qu'il a siégé, il a constamment voté avec la Montagne, réalisant en cela les espérances qu'il avait fait concevoir comme fondateur, avec d'autres républicains de Strasbourg, du *Démocrate du Rhin*.

Boch est un des accusés qui n'avaient pas voulu reconnaître à la haute Cour le droit de les juger. Comme Maigne, comme Deville, comme Chypron, etc, il a décliné sa juridiction dès la première audience, et n'a jamais pris la parole, dans le cours des débats, que pour des faits intéressant la cause, et non pour défendre sa personne. Condamné à la déportation, il a entendu son arrêt avec indifférence; et le sourire qui un instant a effleuré ses lèvres, semblait dire que, dans sa pensée, ce qui se passait n'avait rien de sérieux.

Les hommes qui connaissent ce jeune révoltionnaire n'auront pas été surpris de son attitude dans ce moment suprême; car ils savent que sous la physionomie la plus douce, et nous dirions volontiers la plus enfantine, il est impossible de cacher une âme plus énergique, un caractère plus déterminé.

*VAUTHIER.—« Voilà un socialiste qui ne serait pas déplacé dans un salon, » disait une dame des tribunes, en écoutant le langage plein de convenance d'un des accusés qui figuraient sur les bancs de la haute Cour.

Ce n'est vraiment pas la première fois que nous sommes témoins des étranges idées qu'on se

fait, dans un certain monde, des hommes qui ont
voué leur vie et tout ce que la nature leur donna
de patriotisme et d'énergie à la sainte cause du peuple.
Il semble véritablement, à entendre tout ces partisans
d'une société qui, grâce à Dieu, finit, que l'on ne
puisse condamner l'exploitation du prolétaire et l'op-
pression des masses, qu'à la condition d'être une sorte
de sauvage que doit repousser tout régime civilisé.

Ceux qui ont pu voir de près le démocrate-socialiste dont nous allons esquisser la carrière, savent s'il
est possible d'allier des formes plus douces et des
manières plus affables, à un dévouement plus absolu
pour le bien-être des classes souffrantes.

Louis Léger Vauthier est né à Bergerac (Dordogne),
le 6 avril 1815. Entré le seizième, en 1834, à l'Ecole
polytechnique, il en sort le quatrième, en 1836, pour
être reçu le deuxième à l'Ecole des Ponts-et-Chaussées. Comme si la science des Peyronnet et des Prony
devait être héréditaire dans sa famille, l'époque de
son initiation fut précisément celle où son père, ingénieur comme lui, publiait sur l'hydraulique un travail qui marquera certainement dans l'histoire de cette
branche des connaissances humaines.

En 1838, Vauthier, qui n'avait que vingt-trois ans,
reçut du gouvernement la mission de se rendre à
Vannes pour diriger le service des ports maritimes du
Morbihan.

En 1840, le gouvernement brésilien fait appel,
malgré sa jeunesse, aux lumières de Vauthier. Au-

torisé par l'administration dont il relève, à quitter provisoirement la France pour l'étranger, notre ingénieur se rend au Brésil, et jusqu'en 1846 il dirige les importants travaux qui s'exécutent durant cette période dans la province de Pernambuco. L'ordre de la Rose, dont on le décora, fut au nombre des récompenses que reçut le talent dont il fit preuve. Au milieu de ses travaux dans le Brésil, Vauthier n'oublia pas la propagande socialiste. Parmi ses actes, il faut compter la *Revue du progrès*, qui existe encore et fait le plus grand bien dans le pays. A son retour, le gouvernement français envoya Vauthier dans le département du Cher, comme ingénieur de l arrondissement de Bourges.

C'est là que le trouva la révolution de Février. Vauthier l'accueillit avec bonheur, car il comprit aussitôt que c'était surtout un mouvement socialiste qui venait de se produire ; et comme il était, depuis 1836, républicain et partisan de l'école sociétaire, il espéra sérieusement que le règne de la justice allait enfin venir. Combien il devait être désabusé !

Lors des élections générales de 1848, Vauthier, sans être porté sur la liste démocratique du Cher, et quoiqu'il ne résidât dans le département que depuis à peine hu t mo s, réunit plus de 6,000 suffrages.

Le 25 septembre suivant, un banquet socialiste ayant eu lieu à Bourges, pour célébrer la fondation de la République, Vauthier y porta aux travailleurs un toast qui, avec les incidents du banquet de Toulouse,

remua fort la bile des réactionnaires constituants.
L'illustre Denjoy, de facétieuse mémoire, fit surtout
ressortir à la tribune cette phrase incendiaire : « Au
» travail, que des doctrines impies imposent à
» l'homme comme un châtiment, mais qui perdra
» bientôt cet odieux caractère, quand, suivant la pa-
» role du Christ, nous aurons réalisé sur la terre le
» royaume de Dieu et sa justice. »

M. Duvergier de Hauranne, dont Vauthier avait
énergiquement combattu la candidature, saisit cette
occasion de se venger de lui. Pendant le court passage
de M. Léon Faucher au ministère des travaux publics,
un ordre enjoignit à l'ingénieur-socialiste de passer
de nouveau dans le Morbihan, à la résidence de Pontivy.

Cet exil, heureusement pour la démocratie, ne le
fit pas oublier des patriotes du Cher. Saisissant au
contraire avec empressement l'occasion d'une disgrâce
sans laquelle on n'eût pu le nommer, aux termes de
la loi sur les incompatibilités, les électeurs de ce département envoyèrent Vauthier à la Législative, à
une majorité de 32,119 voix. Il est du reste remarquable que Vauthier, qui a surtout été élu en répara-
tion des ennuis que lui avait suscités M. Duvergier de
Hauranne, l'a précisément remplacé comme représentant du peuple.

Tout le temps qu'il a siégé, Vauthier a constamment voté avec la Montagne. Cette circonstance, jointe
à ce qu'il est l'ami personnel et particulier de Cons-

dérant, n'a pas peu contribué à le faire condamner à la déportation. Il avait Michel (de Bourges) pour défenseur.

Au nombre des travaux qu'a publiés Vauthier, se trouve un écrit sur l'hydraulique, donnant le programme d'expériences faites avec son père, et de nature à jeter une vive lumière dans la théorie des eaux courantes, malheureusement si peu connue des ingénieurs, et dont l'ignorance est en grande partie cause des désastres qui surviennent dans les vallées de nos grands fleuves.

Postérieurement à sa condamnation, Vauthier ayant adressé, à propos du procès, une lettre à ses électeurs, le parquet, qui ne pouvait plus l'atteindre, a voulu poursuivre *le Temps* pour avoir publié sa lettre. Jugé par défaut, le rédacteur en chef, Xavier Durrieu, ancien constituant, a été condamné à deux ans de prison et cinq mille francs d'amende.

*DEVILLE. — « Le ministère ayant proposé un projet de décret qui viole la Constitution en ce qu'il détruit le droit de se réunir, j'ai signé et déposé sur le bureau de l'Assemblée une demande de mise en accusation. »

Ainsi s'exprimait, le 4 avril 1849, le représentant du peuple Deville, dans son compte-rendu aux électeurs des Hautes-Pyrénées. Il ne se doutait guère alors probablement que, deux mois plus tard, ce serait, non

8

le ministère qu'on mettrait en accusation, mais ceux-
là mêmes qui le voudraient rappeler au respect de la
loi... Jetons un voile sur ces tristes souvenirs, et
voyons ce qu'a été la carrière d'un des caractères
les plus fermes, les plus droits, les plus dignes et les
plus intègres de la démocratie française.

Le citoyen Dev.lle est né à Tarbes (Htes-Pyrénées),
en 1787. Un témoin cité au procès de Versailles
répondait au président qui lui demandait son âge : De
42 à 45 ans. Peut-être avait-il quelque motif de ne
le pas trop savoir. Quant au citoyen Deville, ce ne fut
pas pour les mêmes raisons qu'il répondit : « Je dois
avoir 62 ans ; » mais tout simplement sans doute pour
montrer que son âge lui sera fort indifférent tant que
son cœur restera jeune.

En 1803, Deville, qui n'avait que 16 ans, s'engagea, sans consulter ses forces, dans les vélites de la
garde, afin de prendre sa part de gloire et de périls
de cette grande et héroïque époque. Malgré son intelligence et son courage, il resta simple soldat jusqu'en
1807 ; ce qu'on ne peut attribuer certainement qu'à
l'aversion qu'il a toujours eue pour la flatterie, et au
besoin que les chefs, dans le militaire comme dans le
civil, éprouvent trop souvent d'être flattés.

Cependant, et malgré son caractère inflexible, on
ne put toujours refuser à son mérite la justice qui lui
était due, et, en 1812, il était capitaine.

Les états de service de Deville sont des plus honorables et des mieux remplis. On pourra s'en faire une

idée quand nous dirons qu'il assista successivement,
comme faisant partie de la grande armée d'Allemagne, aux batailles d'Austerlitz, d'Iéna, de Friedland,
à l'entrevue de Tilsitt, aux batailles d'Eylau et de
Wagram.

En 1808 et 1809, Deville fit partie de la campagne
d'Espagne, et, en 1812, de l'expédition de Russie.
Mais le corps auquel il était attaché ne dépassa pas Wilna. Dans la retraite de 1813, Deville contribua à la prodigieuse victoire de Dresde, remportée par Napoléon,
le 26 et le 27 août, sur l'armée combinée des Autrichiens des Russes et des Prussiens, victoire où le
traître Moreau trouva la mort dans les rangs des
alliés. Le 16 octobre suivant, Deville était sous les
murs de Leipsick, pour y livrer, avec ses intrépides
camarades, cette célèbre bataille connue en Allemagne
sous le nom de *bataille des Nations*, et dans laquelle
les Français, fort inférieurs en nombre, opposèrent à
leurs ennemis une résistance si acharnée, malgré la
défection des corps saxons. Il assista également à la
bataille de Bautzen, et y reçut deux coups de baïonnette.

De novembre 1813 à juin 1814, Deville, enfermé à
Tessel, fut si étroitement cerné, que ce fut seulement
dans ce dernier mois que la garnison dont il faisait partie apprit les désastres de la campagne de France et le
retour inattendu des Bourbons. Malgré l'avancement
qu'il pouvait espérer s'il se soumettait, Deville n'hésita

pas un instant à donner sa démission, et refusa de servir le nouveau gouvernement.

Il reprit du service dans les Cent jours, était avec Grouchy à Waterloo, et quitta de nouveau et définitivement l'armée à la seconde restauration.

Pendant la première restauration, Deville était venu à Paris commencer ses études de droit, qu'il avait interrompues aux Cent jours, pour se ranger de nouveau sous le drapeau de la France. Il les reprit après le 28 juin 1815, mais à Toulouse, où il passa ses divers examens et où il fut reçu avocat.

Deville rentra aussitôt à Tarbes et prit dans le barreau de sa ville natale un rang très-honorable. Cependant, comme il voulait lui-même élever ses enfants et leur donner cette éducation virile qui contribue si puissamment à rendre les âmes fortes, il acheta une étude de notaire afin d'avoir de plus amples loisirs.

La semence a porté d'heureux fruits. Les enfants seront dignes du père ; les espérances qu'ils donnent nous permettent de l'assurer. Des trois fils de Deville, l'un lui a succédé comme notaire, et son talent et son caractère lui ont mérité l'estime, même de ses adversaires politiques ; l'autre, avocat, ancien substitut du procureur de la république, a mieux aimé se laisser destituer que de devoir à des concessions indignes de sa famille un avancement dans la magistrature ; le troisième, médecin et professeur d'anatomie à Clamart, a trouvé dans une ovation que lui ont décernée récemment ses élèves, quelque compensation, s'il en peut-

être, à l'arrêt de la haute Cour qui a frappé si durement un père tendrement aimé. Ce sont trois bons
citoyens de plus, dont la patrie sera fière un jour.

Outre les connaissances qu'il a acquises dans l'histoire,
le droit et la politique, connaissances qui lui permettent d'énoncer, dans l'occasion, avec simplicité, cette
grande preuve du savoir, les pensées les plus fortes,
les vérités les mieux senties, le citoyen Deville a,
sous d'autres rapports, l'esprit le plus cultivé, car
nul n'a mieux que lui utilement employé son temps.
La littérature, les sciences naturelles, la géologie, les
systèmes philosophiques ou sociaux l'ont tour-à-tour
vu sonder leurs délicatesses ou pénétrer leurs mistè-
res. Si un homme pouvait être complet, dans un siècle exigeant comme le nôtre, nous dirions presque
que cet homme est Deville.

Deville a fait quelques pièces de vers qu'on dit n'è-
tre pas sans mérite; mais ce qui a contribué, surtout, à la réputation dont il jouit dans son pays, c'est
une *Histoire de la province de Bigorre*, dans laquelle
il s'est particulièrement attaché à flétrir certaines su-
perstitions fort répandues dans cette contrée de la
France.

En 1830, après la révolution de juillet, Deville fut
nommé commandant de la garde nationale de Tarbes;
mais les tendances rétrogrades du gouvernement et
ses actes anti-révolutionnaires, excitèrent de sa part
une telle opposition, que la milice citoyenne, comme
on disait alors, ne tarda pas à être dissoute.

8.

Le département des Hautes-Pyrénées, aux premières élections générales qui suivirent février, nomma
Devi le à la Constituante, par 17,773 voix. Tant que
dura cette prem ère assemblée de notre jeune République, il répondit à la confiance de ses concitoyens
en s'associant toujours aux actes de la Montagne,
dont il fut un des membres les plus intelligeuts et les
plus courageux.

Dans un compte-rendu adressé par lui aux électeurs, le 4 avril 1849, nous trouvons que le citoyen
Deville, si l'on suit l'ordre de son travail, a voté pour
que la Constituante complétât son œuvre, en promul-
gant les neuf lois organiques qui devaient faire un
tout avec la Constitution ; savoir : loi sur la responsabilité des agents du pouvoir ; loi sur le conseil
d'État ; loi électorale ; loi sur l'administration commu-
nale et départementale ; loi sur. l'organisation judiciaire ; loi sur l'instruction publique ; loi sur l'orga-
nisation de la force publique, armée, garde naiona'e ; loi sur la presse ; loi sur l'état de siége. Conséquent avec ses principes, il s'est prononcé contre
la proposition Rateau, emmanchée par Lanjuinais,
pour nous servir de son expression, et maniée avec
activité par le gouvernement, qui rêvait alors de détruire tout ce que la Constituante avait fait de bien.
Il a appuyé le bannissement de Louis-Philippe et de
sa famille.

Deville a voté, en outre, pour l'abolition de la peine
de mort en matière politique et en matière ordinaire.
Les raisons qu'il donne à l'appui de sa détermination

nous ont paru des plus solides. Qu'on en juge par les passages suivants :

« La société a le droit, si l'un de ses membres transgresse les règles de l'association, de le priver de tout ou partie de ses avantages sociaux, selon la gravité de l'infraction ; cela est incontestable.

» Mais la vie est-elle un avantage social concédé par la société ? Non, car chacun de ses membres la possédait avant d'entrer dans l'association. La vie vient de Dieu. Dieu seul la donne ; seul il peut la reprendre.

» Existe-t-il un contrat primitif ou récent dans lequel on puisse nous faire lire que les associés ont fait entrer la vie dans l'association, ont donné à la société le droit de les en priver ? Non.

» Est-ce que, d'ailleurs, l'homme peut disposer de sa vie, peut se tuer ? Non. Par conséquent, il ne peut concéder à personne un droit qu'il n'a pas. Admettre le contraire, c'est professer l'irréligion, l'immoralité.

» La peine de mort est donc une usurpation de la barbarie sur l'humanité, un empiétement sur les droits de la Providence ; elle doit être effacée du code des peuples civilisés. »

Deville a encore voté pour la réduction des heures de travail dans les manufactures ; pour le droit au travail ; contre l'établissement de deux Assemblées ; contre la création d'un président de la République, et, plus tard, contre la nomination du président par le peuple, afin que ce président n'eût pas une origine égale à celle de l'Assemblée, indépendante de l'Assemblée.

Il a protesté et voté contre l'état de siége, contre la loi sur les attroupements, contre la loi sur les clubs, contre la transportation sans jugement, contre le rétablissement de la contrainte par corps; il a fait, avec ses amis, des efforts inutiles pour affranchir les desservants du joug épiscopal, tout en sauvant la discipline. Il a voté pour tout ce qui devait donner à la presse une liberté illimitée, sauf répression; contre toutes les mesures destructives, préventives, telles que suspension, suppression, timbre, cautionnement, censure, etc.; contre le vote à la commune; contre le remplacement militaire tel qu'il existe, parce qu'il fait peser exclusivement sur le pauvre la charge du service militaire, à laquelle le riche peut échapper ; pour l'application la plus large possible de l'élection et du concours aux fonctions publiques, civiles et militaires, politiques et religieuses, spécialement pour la nomination directe des maires et adjoints par les communes; pour toutes les réductions; pour toutes les économies proposées par la commission des finances.

Le citoyen Devil'e a, en outre, accueilli, soutenu tout ce qui pouvait préparer, réaliser les institutions de crédit, de prévoyance, d'association libre, etc. Il a, en conséquence, voté pour les prêts hypothécaires, pour les banques départementales, pour un cré-

dit destiné à favoriser les associations libres, donner
l'assistance, etc.

En matière d'enseignement, le représentant Deville, fidèle à la déclaration de la Montagne, formulée
dans son manifeste, a voté pour tout ce qui a été demandé en vue d'accroître le traitement des institu-
teurs, des institutrices; pour la gratuité des écoles
militaires, polytechnique, de Saint-Cyr, de l'école
normale, des écoles agricoles, etc.; pour tout, enfin,
ce qui pouvait tendre à poser l'instruction publique
sur les plus larges bases, à lui donner le plus grand
développement.

Touchant l'impôt, Deville a voté la suppression to-
tale des impôts sur le sel, sur les boissons, sur les
denrées alimentaires de première nécessité; pour la
réduction du port des lettres; pour l'impôt progres-
sif; pour l'impôt sur les créances hypothécaires, sur
le revenu, sur les rentes inscrites au grand-livre,
sur les biens de main-morte; contre les sinécures;
contre les cumuls; pour la réduction des emplois, des
gros traitements, etc.

L'institution du jury, telle que nous l'avait léguée
la monarchie, ne pouvait échapper aux investigations
de ceux qui veulent qu'elle donne tous les bienfaits
qu'on en peut attendre. Deville a demandé, avec ses
amis, que tous les crimes et délits politiques, *sans
aucune exception,* alors même qu'on leur applique la
qualification de contraventions, fussent dévolus au
jury. Il a voté pour l'établissement d'un jury en ma-

tière correctionnelle, pour un essai en matière civile, pour que les décisions du jury portant condamnation ne pussent être rendues qu'à la majorité de plus de huit voix.

Deville a demandé et voté l'amnistie pour les transportés ou condamnés politiques, sans exception; mais la généreuse initiative de la Montagne a échoué contre le refus persistant des divers ministères et du président de la République, qui l'ont constamment repoussée.

Nous nous sommes un peu étendus dans le détail de tous ces actes, quoique ce travail nous entraînât loin, parce que, comme ils sont communs ou à peu près à tous les membres de la Montagne, nous avons pensé qu'en les énonçant une fois, il suffirait d'une formule générale pour les notices qui précéderaient ou suivraient celle-ci ; puisque, si le lecteur veut être complétement éclairé, il n'aura qu'à recourir à la biographie du citoyen Deville.

Il nous reste maintenant à transcrire un passage emprunté à la fin du compte-rendu déjà cité; c'est le préambule par lequel le citoyen Deville proposait de faire précéder la Constitution, et qui souleva un si violent orage dans la majorité de l'Assemblée. On sait que la Constitution, malgré toutes les réclamations de la presse et de la tribune, fut votée sous l'empire de l'état de siége. Voici ce que l'honorable représentant des Hautes-Pyrénées proposait de mettre en tête de notre nouveau pacte fondamental :

« En présence de Dieu, sous le règne de l'état de
» siége, destructif de toute liberté, et spécialement de
» la liberté de la presse, qu'il supprime, qu'il sus-
» pend à volonté ; sous le régime de l'autorité mili-
» taire, qui n'a aucune connaissance des besoins de la
» société, et qui, par son existence seule, comprime,
» avec l'esprit public, la manifestation de toutes les
» idées, de toutes les vérités, si utiles à répandre au
› moment où vont se discuter les bases de la Consti-
» tut on ; sous ce régime inintelligent, expéditif, juste
» effroi des citoyens, qu'il peut arrêter sans forme,
» sans l'mite, enlever à leurs juges ordinaires et li-
» vrer aux conseils de guerre ; au nom du peuple
» français, et cédant à la compression qui pèse sur
» Paris, l'Assemblée nationale décrète, etc. »

Telle est la conduite du citoyen Deville à l'Assemblée constituante. Pour ce qui est de la Législative, il
n'y a guère eu que la question romaine qui ait défrayé
ses loisirs, et l'on sait l'issue qu'elle a eue.

Deville, arrêté au Conservatoire, à propos de la résistance qu'il vou ait opposer, avec ses amis, à la violation de la Constitution par ceux-là mêmes qui l'a-
vaient faite, refusa les débats de la haute Cour de
justice, et ne consentit à choisir un avocat (Me Malapert) qu'à la condition qu'il ne parlerait point. Tant
que dura le procès, sa conduite fut des plus dignes et
des plus courageuses toutes les fois que se présenta
l'occasion de montrer ce qu'il était. A la fin et lorsque, condamné sans avoir été défendu, le président

lui demandait s'il avait quelque chose à dire sur l'application de la peine, Deville répondit :

« Les hommes comme moi acceptent une condamnation ; ils ont leur liberté, leur vie, au service de la patrie ; ils sont toujours prêts à lui en faire le sacrifice ; mais ils ne débattent pas le prix de leur liberté, de leur honneur. Condamnez-moi, je subirai ce sacrifice ; j'espère qu'il portera ses fruits, et que la France un jour me vengera. »

Deville est maintenant renfermé dans la citadelle de Doullens, où tous ceux qui partagent son sort l'entourent de respect, d'admiration, de sympathie, le traitent, en un mot, comme un père.

Quand on inspire de tels sentiments et qu'on a une âme de cette trempe, on peut se consoler aisément d'être condamné à la déportation !

*GAMBON. —Depuis longues années la magistrature française a toujours accepté, nous ne voulons pas dire avec servilisme, mais avec empressement les diverses formes de pouvoir qui se sont succédé. Aussi, quand un acte absolu d'indépendance vient à se produire, le magistrat dont il émane excite-t-il une surprise universelle. Gambon a le mérite de l'avoir excitée, cette surprise ; et lorsque sa protestation contre un toast à Louis-Philippe fut connue, ce ne fut pas seulement en France, mais partout, que les pouvoirs officiels s'en indignèrent, que les populations s'en émurent. Quant

aux sympathies qu'elle lui valut dans l'opinion républicaine, il lui en vint jusque de la féodale Allemagne, comme plusieurs lettres en font foi. C'est surtout de cette époque que date la réputation de Gambon dans le monde démocratique.

Charles-Ferdinand Gambon est né à Bourges, le 19 mars 1820. Après avoir fait une partie de ses études dans la Nièvre, il vint les compléter à Paris. Il les termina et passa bachelier, de 1834 à 1836. De 1837 à 1839, il fit son droit et fut reçu avocat. A partir de cette époque, il se prépara au doctorat; mais son penchant l'entraînait trop vers la politique pour qu'il pût rester étranger au mouvement des idées qui fermentaient alors si fortement dans la jeunesse. Il ne contribua pas peu à en hâter le développement, par la fondation, dans le courant de 1845, du *Journal des Ecoles*, dont Louis Blanc, à sa demande, appuyée par quelques amis, accepta la rédaction en chef. On est généralement injuste dans la part qu'on fait aux organes de la presse, dont l'existence est éphémère. Parce qu'ils disparaissent avant d'avoir pu conquérir une position officielle et une notabilité reconnue, on se figure que leur apparition a été sans fruit, et qu'ils n'ont ajouté aucune pierre à l'édifice. C'est une erreur, et nous n'en voulons d'autre exemple que le *Journal des Ecoles*, qui pourtant est mort depuis longtemps. Il y a eu, depuis la Révolution de Février, à l'Assemblée nationale, dans les clubs, parmi les rédacteurs de la presse de province et de Paris, une foule de jeunes hommes pleins d'intelligence,

9

qui ont rendu de très-grands services au pays, et dont les premiers combats ont eu pour terrain, soit les colonnes du *Journal des Écoles*, soit les discussions auxquelles donnait lieu l'insertion des articles de ces théoriciens improvisés.

Rentré chez lui en 1846, Gambon fut vivement sollicité par des parents qui étaient loin de partager sa foi républicaine, d'entrer dans la magistrature. Il s'y refusa énergiquement, car il sentait bien que son caractère indépendant et libre ne pourrait s'accommoder du servilisme qu'exigeait le pouvoir monarchique, de tous les fonctionnaires publics. Mais un jour, on lui annonça, en guise de bonne nouvelle, qu'il était nommé juge suppléant à Cosne, quoiqu'il se fût constamment refusé à faire aucune demande.

Bien qu'il espérât y faire quelque bien, car l'homme honnête et dévoué aux malheureux en sait faire partout, Gambon accepta ces fonctions avec répugnance, et ne tarda pas à prouver à ceux qui l'avaient fait magistrat malgré lui, qu'il ne saurait le rester longtemps. Un de ses premiers actes fut de combattre la candidature du procureur général Delangle, qui se présentait précisément dans l'arrondissement où Gambon siégeait. Il la combattit de telle façon, que le ministre de la justice le fit traduire deux fois devant la Cour du ressort. La première fois, l'avertissement qu'il reçut était la condamnation du pouvoir. La seconde, il ne fut frappé que de la censure, ce qui équivalait encore à un acquittement; car il est évident que la Cour, en ne lui infligeant que

cette peine, dans une situation pareille, donnait raison
contre ses supérieurs aux actes du subordonné.

Une occasion plus décisive de se montrer arriva
bientôt pour Gambon. La gauche dynastique avait
organisé des banquets réformistes, moins dans le but
d'assurer le triomphe de certaines idées, que pour
donner à MM. Odilon Barrot, Duvergier de Hauranne,
de Malleville, etc., les portefeuilles de MM. Guizot, Duchatel et Cie. Gambon voulut que la ville de
Cosne eût aussi son banquet, mais organisé sur des
bases plus larges, plus démocratiques que ceux qu'on
avait donnés jusque-là. MM. Girard, Manuel et Duvergier de Hauranne, trois autres organisateurs du banquet, ayant appris que Béranger, notre célèbre chan-
sonnier, et Louis Blanc, le jeune socialiste, devaient y
assister, crurent faire un grand acte de politique dynastique en imposant un *toast au roi !* mais ils ne firent
qu'amener une scission, et la ville de Cosne se retira
tout entière. Les dynastiques se réunirent alors à la
Charité ; le banquet prit, malgré ses auteurs, une
tournure tout-à-fait démocratique, et l'attitude révolutionnaire de la population effraya tellement M. Du-
verger de Hauranne qu'il partit à la hâte pour son
château, laissant tous ses amis stupéfaits d'une telle
précipitation.

Gambon, dans une *Lettre aux Electeurs*, protesta
contre la manœuvre des dynastiques, et qualifia le
toast au roi d'*antipathique à la majorité des Français*.
Traduit pour ce fait devant la Cour de cassation, on le

suspendit pour cinq ans de ses fonctions de juge sup
pléant. Ce ne fut pas même la faute de M. le procureur
général Dupin, si la condamnation ne s'étendit pas
plus loin ; car il résulta de son réquisitoire que la suspension devait être illimitée. Nous aurons, à propos
de ce fait, une anecdote à raconter.

Obligé de venir à Paris pour défendre sa cause, Gambon fut, de la part de ses anciens camarades, l'objet
d'une ovation qui devait se terminer par un banquet
fraternel. Mais la police, craignant à bon droit cette
nouvelle manifestation de la démocratie, fit tous ses
efforts pour l'empêcher. Gambon, alors, faisant appel
au bon sens et à la sagesse des étudiants, les déter-
mina, pour éviter tout prétexte de collision, à fondre
leur banquet avec celui du 12e arrondissement.

Gambon était à Cosne quand éclata la Révolution
de Février. Dès qu'il en reçut la nouvelle, il s'empressa
de proclamer la République, objet et but de toute sa
vie. Le Gouvernement provisoire voulut faire de lui un
commissaire de département, il refusa ; on lui offrit
d'être procureur de la République, il refusa encore. Ce
double désintéressement du jeune magistrat augmenta
tellement les sympathies qu'il s'était déjà acquises,
que lors des premières élections générales, ses compatriotes de la Nièvre le portèrent avec enthousiasme
sur la liste démocratique, et le nommèrent à la Constituante, par 29,514 suffrages. Il est bon de dire, pour
être juste, que Gambon dut un grand nombre de bulletins à la manière intelligente dont il avait usé de l'in-

fluence qu'il avait sous le Gouvernement provisoire.

Le jour de son entrée à l'Assemblée, son collègue M. Dupin, élu dans le même département, par suite d'une scission regrettable dans le parti démocratique, vint à lui, et lui tendant la main : « J'espère, lui dit-il, faisant allusion à son réquisitoire, que tout est oublié entre nous. » — Non! répartit Gambon, tout n'est pas oublié, car je dois à la sévérité de votre opinion d'avoir l'insigne honneur de représenter le peuple dans cette enceinte, et c'est une reconnaissance dont on ne perd pas le souvenir. » Malgré sa promptitude connue pour la réplique, on assure que cette fois M. Dupin aîné resta court.

Dans la position honorable et difficile qui lui était faite par le pays, le jeune citoyen de la Nièvre se montra constamment digne de la confiance des électeurs. « Gambon, disait un de ses biographes, quelques jours avant les dernières élections générales, Gambon est du nombre des représentants qui siégent à l'extrême gauche, et qui forment cette partie de la Constituante que l'on appelle la jeune Montagne. Dire qu'il siége là, c'est publier hautement tous ses votes ; c'est annoncer qu'il veut l'affranchissement des prolétaires des villes comme des travailleurs des campagnes, en détruisant l'usure du capital, en organisant le crédit et en allégeant les impôts. — Républicain socialiste, il a voté pour un ministère du travail, pour le droit au travail, la plus sacrée des protections du pauvre, pour l'abolition de l'impôt sur le sel, pour la diminution du port

9.

des lettres, pour l'abolition de la peine de mort, pour
l'amnistie, etc... Défenseur des l berlés conquises en
février avec le sang du peuple; il a voté contre la loi
sur les attroupemen's, contre le cautionnement des
journaux, contre l'état de siége et contre la présidence,
cette royauté déguisée qui dure quatre ans au lieu
d'être à vie.

» Gambon a encore voté la diminution des gros
traitements et de tous les impôts qui, généralement,
ne pèsent que sur la classe pauvre et déshéritée.

» Pendant les journées de juin 1848, ne consultant
que son cœur et son patriotisme, il affronta les plus
grands dangers pour arrêter une lutte fratricide, où
des Français combattaient des Français, et dans laquelle, suivant l'énergique parole de Félix Pyat, on
criait : *Feu!... dans la même langue.* Il se dirigea vers
le faubourg Saint-Antoine, où le combat était le plus
acharné, et y parlementa longtemps avec le malheureux qui demandaient DU PAIN! OU DU PLOMB! et qui
mouraient au cri de : *Vive la République démocratique
et sociale!...* Gambon demeura près de trois heures
avec les insurgés

Rien ne justifie mieux la conduite de Gambon, comme
représentant du peuple, que la différence des voix qui
l'ont nommé aux deux élections générales. Il avait obtenu, comme on l'a vu, 29,514 suffrages pour la Constituante; il en a réuni 43,443 pour la Législative. Ce
progrès ne s'arrêtera sans doute pas là ; et s'il est encore candidat, comme nous l'espérons, malgré la con-

damnation qui l'a frappé, nous ne serions pas surpris de le voir proclamé par 50,000 voix, pendant que M. Dupin cessera d'être l'élu de la Nièvre.

Gambon était au nombre des accusés qui avaient pris. dès le premier moment, la résolution de ne pas se défendre devant la haute Cour, ne reconnaissant qu'au peuple seul le pouvoir de prononcer entre lui et les violateurs de la Constitution. Il n'a jamais pris la parole dans les débats, sans renouveler cette déclaration, car c'est un homme dont les convictions profondes et réfléchies ne se modifient pas au gré des circonstances.

Si nous n'apprenions qu'un volume doit bientôt paraître, où tous les incidents du procès de Versailles seront mis en relief, nous aurions à parler d'une déclaration lue par Gambon à la première audience, au nom de tous les accusés. Mais remettons ce détail à une meilleure occasion, et contentons-nous de dire, en terminant, que comme tous ses collègues de la Montagne assis sur le même banc, le jeune représentant de la Nièvre a été condamné à la déportation. Il expie aujourd'hui, dans la citadelle de Doullens, le tort d'avoir cru et de croire encore que sous un gouvernement démocratique, la Constitution votée par les représentants du peuple est au-dessus des fantaisies ministérielles.

JEANNOT. — Ce représentant du peuple, qui a fait défaut aux débats de la haute Cour, était accusé d'avoir non-seulement signé l'appel au peuple et l'appel aux armes datés du Conservatoire, mais encore de s'être rendu à B. lleville, et là d'avoir dit au maire que, délégué de la Montagne en permanence aux Arts-et-Métiers, il était chargé de s'entendre avec lui. Comme il n'a pas eu d'explication à fournir sur sa conduite dans la matinée du 13, on ne peut savoir ce qu'il y a de vrai dans les imputations dont il était l'objet.

Le citoyen Ferdinand Jeannot était caissier du receveur particulier des finances à Louhans, lorsqu'il fut élu à l'Assemblée législative par le département de Saône-et-Loire. Il avait obtenu 72,190 voix. Il est démocrate-socialiste et a toujours voté avec la Montagne.

La haute Cour de Versailles, jugeant *sans* jury, a condamné Jeannot à la déportation.

PYAT. — Littérateur de premier ordre, politique à vues radicales, révolutionnaire ardent, socialiste profondément convaincu, le citoyen Félix Pyat est une des grandes espérances de la République, et jouera certainement un rôle dans l'histoire de notre pays. Comme Louis Blanc, comme Ledru Rollin, comme tant d'autres démocrates éminents, Pyat expie aujourd'hui dans l'exil son amour des vrais principes et le culte qu'il a voué au peuple ; mais le moment viendra, nous n'en voulons pas douter, où la société,

assise sur des bases plus équitables, fera appel au
concours des membres qui l'ont le mieux voulu servir.
Alors notre ami nous sera rendu, portant au front
pour couronne civique les souffrances qu'il aura endurées.

Le citoyen Félix Pyat est né à Vierzon (Indre), en
1814. Il a donc aujourd'hui trente-cinq ans, âge où
d'ordinaire on commence à peine à se faire connaître,
tandis que lui est déjà plein de gloire.

Sa carrière de littérateur a commencé pendant son
enfance Dès seize ans, c'était en 1830, il collaborait
à plusieurs petits journaux de l'opposition, entre autres au *Charivari*, qu'il ne quitta que pour s'ouvrir
une voie au théâtre, voie si brillamment parcourue
depuis.

Il fit d'abord un drame ayant pour titre *Ango*, qui
n'était qu'un résumé de ses idées républicaines. La
censure royale n'en voulut pas permettre la représentation. Plus heureux pour *les Deux Serruriers* et
le Chiffonnier de Paris, il put initier le public aux
réformes sociales dont il rêvait la réalisation.

Mais ces réformes n'étaient pas du goût de tout le
monde, et le *Journal des Débats*, organe de la bourgeoisie, devait naturellement les combattre. Au lieu
de le faire avec mesure, il le fit avec amertume et insolence. Pyat répondit par un vigoureux pamphlet à
Jules Janin, qui avait fait la critique inconvenante des
Deux Serruriers. Pour toute réplique, le feuilleto-
niste des *Débats* traduisit Félix Pyat en police correc-

tionnelle et le fit condamner à un an de prison; mais
J. J. ne s'est jamais relevé des coups portés par son
antagoniste.

Les succès obtenus par *les Deux Serruriers* et *le
Chiffonnier de Paris* n'avaient montré qu'une des
phases du talent de Pyat pour le théâtre. La création
de *Diogène*, en révélant un poète comique, a prouvé
que l'auteur savait, avec une facilité merveilleuse, se
plier aux genres les plus divers.

Ledru-Rollin nomma Félix Pyat, après la Révolution
de Février, commissaire général dans le département
du Cher. Mais en remplissant avec dévouement et
scrupule les devoirs de sa charge, jamais il ne voulut
toucher d'émoluments. Ce fut gratuitement que Pyat
exerça pendant plus d'un mois les fonctions qu'il tenait de la République.

Le pays qu'il administrait récompensa son patriotisme et son abnégation en le nommant, par 34,321
voix, membre de l'Assemblée constituante. Il s'y con-
duisit en vrai républicain, prononça plusieurs discours
remarquables, entre autres sur le *droit au travail*, et
vota constamment avec la Montagne, dont il n'a cessé
d'être l'un des membres les plus distingués.

Ce fut pendant la Constituante qu'eut lieu le duel
entre Pyat et Proudhon, dont la cause a été si diver-
sement appréciée. Félicitons-nous de ce qu'aucun des
champions ne fut enlevé à la République.

Au temps où nous étions encore libres de manifester notre pensée dans des réunions publiques, il se

passait peu de banquets où n'assistât quelque représentant du peuple. Pierre Leroux, Bac, Joly père, Ledru-Rollin, etc., remuaient tour à tour les cœurs par leur parole sympathique et chaleureuse. Félix Pyat était un des orateurs que les convives de ces repas fraternels aima'ent le plus à entendre. Il y porta sa réputation politique au plus haut degré de renommée par ses *toasts aux paysans et à l'armée*. Le mouvement que ces deux chefs-d'œuvre ont apporté dans les idées a été vraiment immense; ce qui s'en est répandu dans le pays tient du prodige. Nous savons de source certaine qu'un seul de ces discours s'est imprimé à plus de trois millions d'exemplaires, et que ce tirage fabuleux a encore été insuffisant pour les demandes qui arrivaient de toutes parts. Touchant hommage que cet empressement du peuple pour ceux qui, au mépris d'amertumes inévitables, savent rester ses vrais amis !

Quand un département s'est une fois honoré par la nomination d'un homme comme Pyat, il n'a garde de l'abandonner. Aussi le Cher, à quelques voix près, élut il l'auteur de *Diogène* à la Législative, comme il l'avait élu à la Constituante. Il avait obtenu, pour la première, 34,321 voix; il réunit, pour la seconde, 33,960 suffrages. Pyat sortit, en outre, un des premiers de l'urne démocratique de la Seine, où il compta 116,185 voix. Enfin, dans la Nièvre, 41,786 bulletins le proclamèrent représentant à la Législative. En tout trois élections formant ensemble près de 200,000 suffrages.

Mais Pyat, reconnaissant, opta pour le Cher, et le 13 juin, quelques heures avant d'être poursuivi, il écrivait au président de l'Assemblée nationale :

« Citoyen,

» J'ai dit à la tribune que le pouvoir avait violé la » Constitution ; j'ai déclaré dans un manifeste au peu- » ple que l'Assemblée s'était rendue complice du » pouvoir. Élu par trois départements, la Nièvre, le » Cher et la Seine, j'opte pour le Cher ; mais je dé- » clare que je ne puis siéger à l'Assemblée tant que » la majorité restera hors la Constitution. »

Pyat, condamné à la déportation par coutumace, est aujourd'hui retiré en Suisse, où vont, de temps à autre, le trouver quelques injures du parti réaction- naire. S'il n'avait pas le bon esprit de peu s'en inquié- ter, il trouverait une large compensation à ces indi- gnités des royalistes dans les marques de sympathie que lui donne le peuple. Nous voyons, par exemple, dans la *Réforme,* qu'on écrit de Vierzon, àl a date du 10 novembre 1849 :

« Cette nuit, des guirlandes et des couronnes de feuilles de chêne et d'immortelles, accompagnées d'un écriteau portant ces mots : *Hommage populaire,* ont été déposés à l'une des portes de la maison qu'occupe Mme Pyat, mère du condamné contumace du 13 juin. »

Sainte et délicate tendresse du peuple, que tu dois avoir été douce au cœur du proscrit!

THORÉ. — Encore un démocrate, et des plus courageux, qui a puisé dans sa famille les vrais principes républicains. Le père de Thoré était un vieux soldat de 1793, qui avait participé aux grandes guerres de la révolution. C'est près de lui que cette constante victime de la royauté a conçu l'ardent amour du peuple et la haine profonde des tyrannies.

Théophile Thoré est né à La Flèche (Sarthe), en 1809. Quoiqu'il n'ait aujourd'hui que quarante ans, on trouve déjà son nom mêlé aux vives luttes que la démocratie soutint contre la Restauration. Il fit partie du carbonarisme, qui jurait sur le poignard haine implacable aux royautés; et lorsqu'en 1830 il contribua de sa personne à renverser la branche aînée des Bourbons, ce ne fut pas, comme tant d'autres, avec l'arrière-pensée de lui substituer la branche cadette; c'est-à dre qu'après comme avant les journées de juillet, Thoré fut républicain.

Thoré, si connu aujourd'hui comme journaliste, n'a commencé à écrire qu'assez tard. Les premiers travaux qu'il signa datent de 1839. Mais il sut choisir si bien ses collaborateurs, qu'il ne tarda pas à se faire un nom remarqué. Il concourut successivement à la rédaction de la *Revue encyclopédique*, avec Pierre Leroux, à la *Revue républicaine*, avec Dupont (de Bussac). Il fut, avec Raspail, un des écrivains les plus actifs du *Réformateur*, et rédigea plus tard le *Journal du Peuple*, en compagnie de Godefroy Cavaignac et Dupoty. Enfin le *Dictionnaire politique*, édité sous la direction de Garnier-Pagès l'aîné, publia de ses articles, et Louis Blanc l'associa plusieurs fois à ses travaux, quand il faisait paraître la *Revue du Progrès.*

On comprend l'influence que durent avoir sur les destinées de Thoré, des hommes aussi éminents par l'intelligence et le patriotisme. Le jeune citoyen de la Sarthe fut en peu d'années ce que sont rarement, après toute une vie de labeurs, des hommes que la nature a dotés aussi heureusement que lui.

Il est rare qu'un journaliste fasse des livres. Deux raisons s'y opposent : la première, c'est que le temps lui manque; la seconde, c'est qu'il dépense toutes ses idées au jour le jour. Cependant, Thoré, qui a une grande exhubérance de pensées, trouva le moyen de publier, en 1839, une brochure dans laquelle il envisageait d'un œil sûr l'avenir des partis au point de vue socialiste. Effrayé déjà par la hardiesse de ses théories politiques, le royalisme le condamna à un an de prison.

Depuis cette époque, Thoré manqua d'organes pour y déposer les travaux qu'il eût faits de prédilection. Mais, comme il est en même temps artiste, littérateur et homme politique, il publia dans le *Constitutionnel,* sur la peinture, la sculpture et les théâtres, des feuilletons qu'on peut comparer aux productions des meilleurs écrivains du genre.

Néanmoins, quand la Révolution de Février eut rendu à la presse toute sa liberté, Thoré rentra avec bonheur

dans l'arène politique. De concert avec Barbès, Pierre
Leroux et Georges Sand, il fonda la *Vraie République*,
qui, dès les premiers jours où elle parut, conquit une
place à part dans le journalisme. Malgré le grand
nombre de feuilles quotidiennes qui paraissaient en
même temps, celle de Thoré obtint un tel succès dans
le peuple, que le pouvoir s'en émut sérieusement.

Aussi, un des premiers actes de Cavaignac, après
les funestes journées de juin, fut-il de supprimer la
Vraie République et de forcer Thoré à s'enfuir. Ce
courageux organe de la démocratie resta suspendu
tant que dura l'état de siége ; plus longtemps même,
car son rédacteur en chef ne put d'abord rentrer à
Paris; et quand il y revint, il existait une loi monarchique qui exigeait que tout journal, avant de paraître, déposât un cautionnement.

On dit généralement : journal suspendu, journal
perdu. Il n'en fut pas ainsi de la *Vraie République*.
Non-seulement Thoré trouva le cautionnement nécessaire ; mais, dès les premiers jours, et malgré une
querelle qu'on lui cherchait sur son titre, la *Vraie
République* reprit autant d'influence que pouvait le
permettre la nouvelle législation sur les crieurs publics.

Le peuple, livré à lui-même, n'est pas ingrat pour
ses défenseurs. Il porta trois fois le républicain socialiste de la Sarthe sur la liste des candidats de la
Seine ; quoique ç'ait toujours été sans succès, le
nombre de suffrages que Thoré a réunis n'en est pas

moins un témoignage éclatant de la justice qu'on sait
lui rendre. Thoré a obtenu, en juin 1848, 73,000 voix;
en septembre de la même année, malgré une division
dans le parti, 64,000 ; enfin aux dernières élections
générales, le chiffre des bulletins qui l'ont porté
a dépassé 100,000.

Malheureusement la *Vraie République* a disparu
de nouveau dans le grand naufrage du 13 juin, et
nous ne sommes pas près de la voir reparaître, car
Thoré, qui était inculpé de complot, et qui a refusé
de se constituer, se trouve condamné à la déportation.

*LANGLOIS. — On s'est demandé souvent, en
écoutant les conversations de cet intrépide discoureur,
où Langlois, si jeune encore, avait appris tout ce
qu'il sait. La surprise cesse quand on connaît sa vie.

J. Amédée Langlois est né à Paris, en 1819, de J.
Martin Langlois, peintre et membre de l Institut. Il concourut à seize ans pour l'École navale, et se rendit à
Brest après de brillants examens. Doué d'une remarquable activité d'esprit, républicain au milieu de condisciples royalistes ou sans opinion, il sut allier, dès
son arrivée sur le vaisseau-école, la propagande démocratique aux études pratiques de l'apprenti marin.
Aussi, à peine l'avait-on vu à l'œuvre, qu'on ne l'appela plus que *Robespierre*, surnom qui ne l'a pas
quitté tant qu'a duré sa carrière maritime.

Cependant la monarchie de juillet, qui quelquefois
se piquait d'indulgence, ne chercha point à lui faire

expier des idées bien hardies alors. Langlois fut successivement élève de deuxième classe en 1837, élève
de première classe en 1839, et enseigne de vaisseau
en 1841.

Comme chez Langlois l'esprit ne s'est pas développé
au détriment du corps, et qu'il est aussi preste et
aussi vif de l'un que de l'autre, on peut croire qu'il
serait allé loin si on eût continué à lui passer ses
boutades, et s'il eût été doué envers ses supérieurs
d'une souplesse suffisante. Mais il avait trop éveillé
l'attention pour qu'on ne sévît pas avec rigueur. Le
ministre lui ayant ordonné en novembre 1848, de
quitter Paris dans les 24 heures, et cet ordre ne comprenant que lui seul de la commission dont il faisait
partie, il donna sa démission sur-le-champ et reprit
ainsi toute son indépendance.

Il ne tarda pas à la mettre à profit.

Combattant très-actif de Février, il s'était fait assez
connaître pour être nommé secrétaire du *Club de la
Révolution*, titre qu'il conserva jusqu'aux journées de
juin. Il fut aussi président du club Roisin. Comme
chez lui une occupation n'empêche pas l'autre, et qu'il
a l'art de mener toutes choses à la fois, il était en
même temps rédacteur, et rédacteur principal du journal *le Peuple*.

C'est là que son talent a grandi et s'est déployé.
Langlois était particulièrement chargé du compte-
rendu de l'Assemblée nationale, et les écrivains de la
presse savent tout ce qu'exige de spontanéité et de

connaissances variées cette spécialité du journalisme;
surtout lorsqu'on tient à se distinguer d'une foule de
rédacteurs, qui se bornent à donner à leurs abonnés
une analyse froide et décolorée du travail fait par le
sténographe. Langlois s'acquitta avec honneur de sa
tâche, tâche particulièrement difficile quand on a der-
rière soi Proudhon, et qu'on écrit pour un journal qui
se tire à près de cent mille exemplaires.

Ce rude labeur, compliqué encore de la fréquentation des clubs, n'empêcha pas cependant Amédée
Langlois de publier, en outre, sans être guidé par un
autre motif que son dévouement à la cause du peuple,
une série d'articles d'économie politique et sociale, et
la critique vive, spirituelle, des petits traités de l'A-
cadémie des sciences morales.

Langlois avait été, aux dernières élections générales, porté candidat pour le département de la Seine,
par le comité démocratique-socialiste. Peu s'en fallut
même qu'il ne fût nommé. Cependant, lors des réélections, une liste de fusion ayant prévalu en l'absence
des principaux délégués, que le pouvoir tenait sous
les verrous, il dut être sacrifié avec tant d'autres excellents républicains.

Amédée Langlois faisait partie du *Comité de la
Presse*, que le pouvoir incriminait à propos du 13
juin, et c'est à ce titre qu'il a été condamné à la déportation comme coupable de complot.

Lorsque le président de la haute Cour prononça,
devant les accusés, l'arrêt qui les frappait, on enten-

dit Langlois s'écrier très-distinctement, avec sa bonne
humeur habituelle : « Allons déjeuner! » Et, un moment après, c'est lui qui, le premier, entonnait les
chants patriotiques qui pénétrèrent dans l'enceinte
du palais à travers les murs de la prison. C'est là
tout l'affaissement que ressentit Langlois de cette
énorme condamnation.

Il est vrai que son âme est faite à bien d'autres
épreuves. Outre l'intrépidité qu'il a montrée comme
marin en diverses occasions, et particulièrement à
Montevideo, Langlois est une des cinq personnes qui
se sont le plus distinguées dans le désastreux incendie du Mourillon, dont la vraie cause est encore un
mystère ; car ce n'est ni un forçat, ni les Anglais qui
ont mis le feu. Langlois avait, à cause de sa conduite
en cette circonstance, été désigné pour la décoration.
Le ministre décida, pour des raisons à lui connues,
qu'il ne décorerait personne, même ceux dont le dévouement avaient sauvé les bois les plus précieux. Mais,
comme le gouvernement ne pouvait, tôt ou tard, manquer de faire quelque chose pour lui, il l'a enfermé
à Doullens. Nous voudrions savoir si Azaïs aurait de-
viné cette *compensation dans la destinée* de Langlois!

JULES LECHEVALLIER. — Etrange des-
tinée que celle de cet écrivain! C'est peut-être, malgré son âge peu avancé, le plus ancien socialiste que

nous ayons. C'est peut-être l'un de ceux qui se sont le plus occupés des systèmes économiques.

Et cependant les républicains ne l'acceptent qu'avec hésitation, tandis que la bourgeoisie lui fait une guerre implacable. C'est que Jules Lechevallier a cru longtemps pouvoir détruire la tyrannie du capital par les capitalistes eux-mêmes. Cette illusion, il l'a perdue comme tant d'autres, mais on ne lui a pas encore pardonné de l'avoir abandonnée tardivement. On reproche à Lechevallier d'avoir travaillé dans les journaux ministériels, sous la monarchie ; cela est juste ; mais on devrait lui tenir compte de ce fait qu'il trouvait le moyen de glisser les théories sociales sous le couvert de MM. Molé, Guizot ou Duchâtel.

Et quand nous disons que sa destinée est étrange, qui ne le penserait avec nous, lorsque l'on considère que les chefs avoués de l'école fouriériste sont tombés dans la même erreur ; que cependant on oublie leurs actes d'hier en faveur de leurs actes d'aujourd'hui, tandis que l'on continue à montrer rigueur à Jules Lechevallier. Enfin, il faut espérer que le jour de la justice luira complétement pour lui ! L'école révolutionnaire, confondue maintenant avec l'école socialiste, finira certainement par comprendre qu'elle ne peut que gagner à se rallier franchement un homme de cette valeur; et alors Lechevallier rendra de grands services à la cause.

Que n'a-t-il pas fait déjà ? Jules Lechevallier est un des premiers saint-simoniens. Il a pris part, en cette qualité, à tous les travaux, à toutes les publications de l'école. Comme préd cateur, c'est un de ceux dont l'activité et l'ardeur ont été le plus incessantes, dont les discours firent le plus de prosélytes. Vint le tour des doctrines pha'anstériennes. Lechevallier, sans les adopter complétement, les étudia au moins en homme de conscience et qui sait apprécier. Ainsi fit-il du communisme égalitaire, ainsi du communisme icarien, ainsi enfin de tous les systèmes qui se faisaient jour, quand ils avaient pour but, sous une forme ou sous une autre, l'émancipation de la classe ouvrière.

Depuis la Révolution de Février, Lechevallier s'est mêlé plus que jamais au mouvement socialiste, et, comme tant d'autres, il a cru un instant que c'en était fait des abus de la finance. Il a été de la Comm'ssion du Luxembourg et un des fondateurs de la *Banque du Peuple*. Il est loin cependant de partager les idées de Proudhon. Pour s'en convaincre, on n'a qu'à se rappeler avec quelle amertume l'auteur de la *Propriété c'est le vol*, qui ne souffre pas les contradicteurs, répondait un jour à l'un d'eux, qui n'était autre que Lechevallier.

La vigueur de la riposte prouvait que les coups de l'adversaire avaient porté. Proudhon, en effet, avait affaire à un rude champion, et si jamais Lechevallier rentre en France, on pourra en avoir d'autres preuves.

Jules Lechevallier était du comité démocratique socialiste ; mais il n'est poursuivi que comme membr du comité de la presse. On l'accuse de complot seulement. On s'était empressé de répandre des bruits défavorables sur son compte, à propos d'une lettre qu'il a écrite au ministre de l'intérieur, après les événements du 13 juin. Les pièces du procès ont paru, la lettre a été publiée, et il se trouve que cette lettre, tant reprochée à son auteur, est on ne peut plus favorable pour lui.

Que de réparations ses calomniateurs devraient à Lechevalier, s'il lui était donné de s'expliquer ainsi sur tous les actes de sa vie politique !

Lechevallier, jugé sans jury, a été condamné à la déportation par la haute Cour de Versailles, le 15 novembre 1849.

DELESCLUZE. — C'est par l'*Impartial du Nord*, dont il a été rédacteur en chef jusqu'à la Révolution de Févrer, que Delescluze s'est d'abord fait connaître. Pendant qu'il l'avait en main, l'*Impartial du Nord*, aujourd'hui modéré, était un des journaux les plus vifs et les plus avancés des feuilles départementales.

Après la Révolution de Février, Charles Delescluze dut à la chaleur qu'il avait montrée dans la défense des idées démocratiques, et un peu aussi à l'amitié de Ledru-Rollin, d'être nommé commissaire du gouvernement dans le Nord. Il se fit remarquer dans ces nouvelles fonctions comme il s'était fait remarquer dans la presse, et fut généralement regretté de son département quand l'ouragan réactionnaire emporta tous les républicains.

Ce fut après sa destitution par les royalistes, que Delescluze vint fonder à Paris *la Révolution démocratique et sociale*. Quoique toutes les places fussent prises, toutes les opinions représentées, ce qui rendait fort difficile le succès d'un nouveau journal, Delescluze n'hésita point. Nous ne savons si sa fortune s'est bien trouvée de cette témérité ; mais en tout cas les républicains lui tiendront compte d'avoir voulu, par la présence d'un nouvel organe, contribuer à répandre davantage les vrais principes républicains.

Delescluze, qui était secrétaire-général de la *Solidarité républicaine*, avait déjà subi force tracasseries à propos de cette société, lorsque, le 10 avril 1849, il fut condamné à trois années d'emprisonnement et à 10,000 fr. d'amende pour délit de presse. Il disparut à temps de son domicile et n'a pu être arrêté à l'occasion de nouvelles poursuites dirigées contre lui.

Le rôle que la *Solidarité républicaine* a joué dans le procès du 13 juin, et les lettres de lui qui ont été citées dans les débats, imprimées dans l'acte d'accusation, donnent à penser que Delescluze doit autant et plus les dernières poursuites à la *Solidarité républicaine* qu'à sa prétendue participation au complot. Il est, au reste, un de ceux qui déclinaient la compétence de la haute Cour, et en ont expliqué les motifs

Charles Delescluze, âgé de 39 ans, est né à Dreux

(Eure-et-Loir). Il n'est accusé que de complot. Jugé
par contumace, la haute Cour l'a condamné à la déportation.

RIBEYROLLES. — C'est à la fois un homme
d'esprit, un excellent écrivain, un républicain modèle.
Charles Ribeyrolles est né à Martel (Lot), en 1812.
Il fit ses études au petit séminaire de cette ville, et le
régime de la maison n'a pas peu contribué, dit-on, à
lui inspirer la haine qu'il porte au clergé, dont il n'a
jamais cessé d'attaquer les vices.

A l'âge de dix-huit ans, c'était en 1830, Ribeyrolles
vint à Paris pour y apprendre le droit. Nous n'assu-
rerions pas cependant que, malgré son intelligence,
il fût passé avocat, car il est assez artiste pour avoir
quitté, sans la mener à fin, une étude aussi rebutante
pour une imagination comme la sienne.

Après la publication de quelques excellents articles de littérature, Ribeyrolles fonda, en 1840, à
Paris, en compagnie de F. Ducuing et Pitre Cheva-
lier, la *Revue de France*, à laquelle il donna des études
de premier ordre, entre autres sur Chateaubriand et
sur Mirabeau.

Les événements de Toulouse, en 1841, venaient
d'avoir dans la France entière un grand retentissement, lorsque Paya, qui avait connu Ribeyrolles à
Paris, l'appela à l'*Émancipation*, dont il était le rédacteur en chef. Ribeyrolles devint un des rédacteurs

principaux du journal, et le public ne tarda pas à remarquer ses articles, toujours si pleins d'esprit, de verve et d'originalité.

Vers la fin de 1842, des considérations particulières déterminèrent Charles Ribeyrolles à prendre la rédaction en chef de l'*Observateur des Pyrénées*. Mais un si petit théâtre n'était pas en rapport avec la valeur de cet écrivain. Il revint en 1844 à l'*Émancipation*, et passa en 1845 à la rédaction de la *Réforme*, placée alors sous la direction de Flocon. Il y débuta comme débutent tous les nouveaux arrivants dans un journal, c'est-à-dire, par de courts *entrefilets*. Mais leur vigueur ne tarda pas à frapper le conseil de surveillance et les fondateurs. On le chargea alors d'une série d'articles sur un ancien ministre qui est depuis vingt ans le malheur de la France ! Il les fit avec un tel talent, qu'il devint en peu de temps le rédacteur véritable de la *Réforme*.

A cette époque, Ribeyrolles publia dans l'*Esprit public* un roman, *la Compagnie de la Mort*, qui mit hors de doute son talent littéraire.

Le succès qu'obtint ce feuilleton parmi toutes les classes de lecteurs fut tel, que quelques amis dévoués de Ribeyrolles lui conseillèrent instamment de s'adonner exclusivement à la littérature, tant ils étaient assurés de lui voir conquérir une première place parmi les grandes réputations du jour.

Mais le champ de la politique n'est pas un terrain que les âmes généreuses abandonnent ; Ribeyrolles , dédaignant les bénéfices que pouvait lui offrir la publication de nouveaux romans, n'aspira plus au contraire qu'à grandir dans la politique, et la *Réforme* devint son unique préoccupation.

Son zèle et son dévouement obtinrent bientôt une récompense qu'il avait dû souvent ambitionner. Ferdinand Flocon ayant été, par suite de la révolution de Février, nommé membre du gouvernement provisoire, la rédaction en chef de la *Réforme* fut enfin dévolue à Ribeyrolles.

Son âme se ferma dès lors à toute autre ambition, et c'est vainement que ses amis du minis ère et du Gouvernement provisoire lui offrirent à plusieurs reprises les plus brillantes positions. Il répondit constamment qu'il ne voulait autre chose que servir la République par le journal.

Il la servit en effet, et chevaleresquement. Si nous sommes aujourd'hui tombés si bas; si hommes et choses sont allés à la dérive; si, moins le nom, la France est revenue aux institutions monarchiques, ce n'est pas la faute de Ribeyrolles qui, nuit et jour, est resté attelé au char de la Révolution, faisant tous ses efforts pour le pousser en avant.

Aux dernières élections générales, Ribeyrolles fut porté, comme candidat à la représentation nationale, à la fois dans son département et à Paris.

Ni le Lot ni la Seine ne purent, faute de quelques voix, le conduire à l'Assemblée; et c'est une perte regrettable, car l'ex-rédacteur de la *Réforme* a prouvé au dernier banquet du Château-Rouge, qu'il est orateur aussi coloré qu'écrivain ferme et incisif.

Ribeyrolles est passé en Angleterre pour échapper à la poursuite qui devait l'amener devant la haute Cour de Versailles. Dans une affaire aussi délicate, ses amis auraient craint de mal faire en lui donnant le conseil de se constituer. Quand on voit cependant combien les charges qni pèsent sur lui manquent de solidité, on ne peut s'empêcher de regretter son absence, car on ne saurait admettre qu'il y ait en France un jury, même sorti des conseils généraux, capable de le condamner. Disons pourtant qu'ils ont répondu par un verdict de culpabilité relativement à Paya, accusé, par le ministère public, d'avoir écrit dans ses lettres cachetées, et par conséquent très-secrètes, ce qu'à Paris cent mille personnes savaient.

Charles Ribeyrolles n'est accusé que de complot; encore le doit-il uniquement à son titre de membre du *Comité de la Presse*. En attendant qu'il lève sa contumace, le voilà condamné à la déportation.

* **PAYA.** — « Les attractions sont proportionnelles aux destinées, » a dit Fourier, et l'auteur latin avait dit avant lui « *trahit sua quemque voluptas.* » Par sa naissance, par sa famille, par son éducation première, Paya devait vivre dans le commerce qu'il a d'abord embrassé, et cependant un penchant invincible, le détournant de son milieu, l'a toujours en-traîné vers la politique.

Le citoyen J.-B. Charles Paya est né à Giniout (Gers), le 24 juin 1809. A l'âge de quinze ans, il entra dans une maison de librairie de Toulouse, et s'y fit distinguer par cette activité qui est une des qualités de son esprit. Comme Millevoye, qui lui aussi fut dans le commerce des livres, son penchant le portait plutôt à lire nos célèbres auteurs qu'à les vendre; mais plus heureux que le poëte, quoiqu'il eût des patrons aussi intraitables, il put conserver son emploi sans nuire à son éducation. Le secret de sa double tâche, qu'il mena de front pendant huit années, fut dans ses nuits passées sans sommeil, et dans la priva-tion de toute jouissance à un âge où l'attrait des plai-sirs a tant d'entraînement. Paya vint ensuite de Tou-louse à Paris, où il fut employé dans diverses maisons de commerce; puis il rentra à Toulouse pour y fonder une maison de librairie, que signalèrent plusieurs pu-blications importantes. Dès qu'il fut maître de ses actions, il songea à utiliser ses études. En 1839, il créa la *Revue du Midi*, dont il prit la rédaction en chef, et qui se poursuivit pendant quatre années. Ce recueil mensuel et tout littéraire eut pour collabo-rateurs des hommes dont le talent naissait alors, et qui depuis ont acquis un grand éclat. La *Revue du Midi* dut aux plumes brillantes et fécondes qui l'ali-mentaient l'honneur d'être citée avec éloge dans l'Histoire de France de Michelet. Divers journaux de

Paris lui consacrèrent aussi, de temps à autre, des articles extrêmement flatteurs.

Ce n'était toutefois que le premier pas dans la carrière publique du jeune éditeur. En janvier 1837 parut le numéro spécimen de l'*Emancipation*, journal politique, devenu bientôt quotidien, et dont Paya conserva la rédaction en chef jusqu'à la fin de 1844.

Pendant les sept années qu'il dirigea l'*Emancipation*, les départements n'eurent point d'organe plus avancé dans la démocratie. Aussi le parquet frappat-il sur lui à coups redoublés; si bien que, dans le cours des ces sept années, il n'eut pas, ainsi qu'il l'a dit lui-même à Versailles, moins de vingt-sept procès de presse, qu'il défendit personnellement pour la plupart.

Parmi ces procès, il en est un surtout qui a eu le plus grand retentissement : c'est celui qu'on intenta à son vigoureux journal après les événements de 1841. Personne n'a oublié les circulaires fameuses du ministre des finances Humann, prescrivant aux agents du fisc un mode de recensement dont l'objet était de *faire rendre à l'impôt tout ce qu'il pouvait rendre*. Ce recensement fut considéré comme illégal par les hommes versés dans la matière ; l'*Emancipation* se mit à la tête d'une croisade ayant pour but de prêcher la résistance. Plusieurs journaux prirent part à ce mouvement, et un certain nombre de conseils municipaux donnèrent raison, par leurs votes, aux écrivains qui défendaient le contribuable contre les prétentions du fisc.

11.

Le pouvoir, gardant une attitude modérée envers les autres villes, se montra plein de colère pour Toulouse, qui avait donné le signal de la résistance. Une série d'illégalités et de violences furent accomplies par ses ordres, et à leur suite un conflit eut lieu. Le résultat de la lutte entre la population de Toulouse et les délégués du pouvoir central, fut la fuite du procureur général Plougoulm et la retraite du préfet Mahul.

Le conflit terminé, le ministère donna ordre de poursuivre du même coup la municipalité de Toulouse, l'*Emancipation* et plusieurs jeunes et énergiques patriotes plus particulièrement signalés. Le premier procès se vida devant la Cour de Pau, l'autre devant le jury des Basses-Pyrénées. Ce dernier ne dura pas moins d'un mois. Quatorze avocats, la plupart éminents, et dont presque tous sont aujourd'hui représentants du peuple, figuraient au banc de la défense. Cette grande solennité judiciaire et politique se termina par un acquittement général des accusés.

Quelles que soient ses idées personnelles sur la moralité du duel, il est bien rare qu'un journaliste, pour faire respecter son œuvre, ne soit pas obligé d'aller sur le terrain. Pendant qu'il rédigeait l'*Emancipation*, Paya eut deux fois des rendez-vous d'honneur : la première avec le maire de Toulouse, la seconde avec un lieutenant d'artillerie. Dans cette dernière rencontre, après deux engagements assez longs, Paya fut blessé d'un coup d'épée.

A la suite des événements, et sous le proconsulat
de M. Maurice Duval, le conseil municipal de Toulouse avait été dissous. Il fallut penser à sa recom-
position. Le parti républicain porta Paya parmi ses
candidats, et pour donner à cette candidature une
valeur plus significative, on l'opposa à M. Romi-
guière, ancien défenseur de Carrel, alors procureur
général et pair de France. Paya l'emporta sur son
redoutable concurrent, et entra ainsi au conseil municipal de Toulouse, dont il resta membre, malgré
deux dissolutions, jusqu'à son départ pour Paris.

Au commencement de 1846, Paya prit la gérance
de l'*Esprit public*, fondé par Charles Lesseps, ancien
rédacteur en chef du *Commerce*. Il eut, un an après,
par suite de la retraite de Lesseps, la direction de ce
journal, auquel il donna aussitôt une allure démocratique plus déterminée.

Plus tard, l'*Esprit public* ayant fusionné avec la
Patrie, Paya prit la rédaction en chef de la *Patrie*,
journal de l'Esprit public. La *Patrie* a eu avant et depuis cette époque des opinions si diverses, qu'il est
bon de faire remarquer le temps précis où Paya en dirigea la politique. C'est du 10 février au 4 mai 1847,
ainsi que l'indiquent les deux numéros placés aux
limites extrêmes de la société formée entre Paya et
Vannard.

Lors des premières élections générales qui suivirent la Révolution de Février, Paya se présenta
comme candidat dans la Haute-Garonne. Parti trop

tard pour être porté sur la liste des démocrates, qui était faite à son arrivée, de nombreux amis voulurent néanmoins lui donner un témoignage de sympathie, et sa candidature réunit 8,500 voix républicaines.

Rentré à Paris, Paya continua la traduction, commencée depuis plusieurs mois, de quelques ouvrages en langue étrangère, dont trois préfaces seulement portent son nom. Mais bientôt son penchant pour la politique active l'entraîna de nouveau. Le 1er août 1848, il fonda la *Correspondance démocratique des départements et de l'étranger,* que recommandèrent, dans les termes les plus sympathiques, plusieurs journaux républicains, entre autres la *Réforme,* la *Démocratie pacifique* et le *Courrier français,* alors fort avancé dans l'opposition. Parmi les feuilles radicales des départements, le *National de l'Ouest,* ce vieux et courageux lutteur pour la cause du peuple, publia aussi, à propos de la *Correspondance,* un article des plus flatteurs sur les antécédents de son fondateur.

Paya, sans l'avoir sollicité, fut nommé délégué au comité démocratique socialiste, et faisait partie, en outre, d'une commission d'enquête nommée par le comité, en séance générale.

C'est à propos de sa *Correspondance* que le citoyen J.-B. Charles Paya était traduit devant la haute Cour de Versailles. Inculpé de complot dans l'affaire du 13 juin, il a été compris dans la catégorie de la presse, et condamné à la déportation.

Dans son résumé, M. le président Bérenger avait

insinué que la résolution de ne pas se défendre avait
en quelque sorte été imposée aux accusés. Quand il a
demandé à Paya s'il avait quelque observation à présenter sur l'application de la peine, Paya, qui déjà,
pendant les débats, avait pris plusieurs fois la parole,
a répondu : « Je n'ai rien à dire sur l'application
de la peine, ni sur le fait en lui-même. La vérité
n'a pas été connue ; ce n'est pas le moment de la
faire connaître. Seulement, je profite de l'occasion qui
m'est offerte pour déclarer que, dans la détermination
que mes collègues et moi nous avons prise de ne pas
nous défendre, nous n'avons obéi à aucune sugges-
tion étrangère, et que nous avons agi en toute liberté. »

La *Réforme* a, par deux fois, fait remarquer que
depuis la condamnation de Dupoty, il n'y avait pas
d'exemple d'un écrivain frappé aussi durement que
Paya. Elle aurait pu ajouter qu'il y a une analogie
de plus entre les deux républicains. Dupoty fut atteint
comme coupable de complicité *morale ;* Paya l'a été
comme *ayant dû faire partie* du complot. Rien n'est
curieux comme de lire dans le *Moniteur* les huit colonnes du réquisitoire de M. de Royer, relatives à
Paya. Pas une preuve ! Rien que des présomptions.
Aussi dit-on que les hauts-jurés, malgré leurs bon-
nes dispositions à ne pas laisser échapper les moindres
coupables, ont délibéré une heure avant de condamner Paya. Il n'en est pas moins à Doullens !

SERVIENT. — Le citoyen Jean-Pierre-Ferdinand Servient est né à la Pointe-à-Pitre (Guadeloupe). Il est à peine âgé de vingt-six ans, et déjà sa place se trouve marquée dans le parti socialiste, dont il est certainement une des plus belles espérances.

Elève distingué de l'Ecole polytechnique, Servient était, depuis sa sortie, ingénieur civil et professeur de mathématiques. La première fois où son nom a retenti en dehors de la science, ce fut à l'occasion d'un duel qu'il eut, il y a quatre ans, au bois de Meudon, avec un étudiant en médecine, Selavarve.

Tout se passa suivant les règles de la plus stricte loyauté; mais Servient eut le malheur de tuer son adversaire, et l'issue de la querelle, comme les circonstances qui l'avaient fait naître, alimentèrent pendant plusieurs jours la malignité des salons.

Cet événement fut cause que Servient s'éloigna quelque temps du monde, pour s'adonner tout entier à l'étude de la politique et des grands problèmes sociaux. La science abstraite ne pouvait suffire à cette âme ardente, qui avait de bonne heure puisé au milieu de l'esclavage l'amour profond de la liberté. Arracher les classes déshéritées à la tyrannie qui pèse sur elles, était sans cesse le rêve de notre jeune et passionné créole.

Le gouvernement, qui connaissait son mérite, vint le surprendre au milieu de préoccupations laborieuses, et lui proposa un emploi dans l'administration des tabacs. Servient fut nommé inspecteur, et sans pour cela renoncer ni à ses mathématiques, ni à l'étude du socialisme, il remplit sa tâche de manière à mériter les éloges de tous ceux dont il relevait.

Mais les âmes de cette trempe ne se laissent point asservir; et, malgré des avertissements réitérés, touchant le danger qu'il y avait pour lui à se mêler d'autre chose que d'inspecter les tabacs ou de former des élèves, Servient ne voulut jamais renoncer à poursuivre l'émancipation réelle et définitive du prolétariat. Il faut dire que, par un bonheur trop rare pour les hommes d'intelligence, de dévouement, une femme adorée, loin de lui conseiller, comme tant d'autres, d'oblitérer son cœur et de fermer son âme à l'amour de l'humanité, ne cessait de l'encourager à poursuivre ses projets.

Le Gouvernement provisoire, qui méconnut tant de dévouements à la cause démocratique, ne mit pas celui-ci à l'écart. Servient prit un instant la direction supérieure du Louvre. Toutefois, grâce à la réaction, son administration fut de courte durée, et tout que ce que les royalistes crurent pouvoir faire pour cette intelligence large et précoce, fut de lui laisser sa place d'inspecteur des tabacs.

Servient ne conçut de cette injustice ni haine, ni colère; mais aussi sa pensée n'en ressentit aucun affaissement; et, comme autrefois, il chercha et aussi ardemment le moyen d'être utile au peuple.

Une occasion se présenta bientôt de faire prévaloir ses idées et d'appliquer son activité dévorante. Le

comité central des républicains démocrates-socialistes
se forma; Servient en fut nommé membre, et on peut
dire que tant que le conseil fonctionna, il n'y eut pas
d'associé plus assidu ni plus influent.

Lorsque, grâce à l'intervention du *comité de la
Presse* et au puissant concours de quelques représentants du peuple, on eut décidé que le meilleur moyen
d'assurer, dans les élections, le triomphe des démocrates socialistes, c'était de faire cesser les directions
divergentes et de se fondre dans une grande unité,
qui serait le *comité démocratique-socialiste*, le premier acte de ce comité fut de donner la présidence à
Servient.

La manière dont il répondit à l'honneur qui lui
était fait ne laissa de regret à personne; on peut dire
qu'il est impossible de présider une assemblée avec
plus de tact, de convenance, d'impartialité et de talent, que ne l'a fait Servient jusqu'au 13 juin.

Aussi, lorsqu'il fut question de nommer cette fameuse commission de vingt-cinq qui a joué un si grand
rôle dans l'accusation relative au 13 juin, Servient
obtint-il, pour en faire partie, *l'unanimité* des suffrages, ce que l'assemblée fit constater sur le procès-
verbal, comme un témoignage non équivoque de sa
profonde sympathie pour lui.

Servient pouvait être candidat aux élections générales de la Seine. Il n'est aucun membre du comité
démocratique-socialiste qui n'eût été heureux de faire
au peuple une telle présentation. Mais par un désin-

téressement aussi rare que délicat, il déclina toute candidature afin de faire adopter à sa place son ami Génillier, dont il fit l'éloge avec une chaleur et une conviction on ne peut plus honorable pour tous deux.

Le ministère public accusait Servient de complot et d'attentat. Heureusement la police n'a pu l'atteindre. On dit qu'il vogue en ce moment, avec sa jeune femme, vers les Antilles, d'où nous le verrons, sans doute, revenir représentant du peuple.

Puisse cette bonne nouvelle se réaliser ; puisse la santé de Servient, si chancelante aujourd'hui, se raffermir et lui permettre de venir à l'Assemblée constituante défendre bientôt la sainte cause du peuple avec tant d'autres intrépides champions !

En attendant, le voilà, pour son patriotisme, condamné à la déportation.

SONGEON. — C'est un des accusés dont, comme chacun sait, il a été, malgré son absence aux débats, le plus question devant la haute Cour. A-t-on assez parlé dans le monde politique de certaine lettre qu'il avait écrite après le 13 juin, et qui a joué un si grand rôle au procès. Mais c'est au compte-rendu des audiences qu'il faut chercher les détails relatifs à cet incident. On y verra le plaidoyer de M. Madier de Monjau pour son frère ; on y verra encore la manière dont le citoyen Hodé, démocrate de vieille

12

date et l'un des hommes les plus dévoués du parti, a répondu aux absurdes bruits répandus sur son compte, lorsque, sans aller au fond des choses, on s'était figuré qu'il avait, de lui-même, livré un document que le parqu t n'ava t eu en ses mains qu'au moyen d'une vi-ite domiciliaire aussi extraord naire qu'imprévue. On y verra enfin le peu de compte qu'il faut souvent tenir des dépositions écrites dans le cabinet du juge d'instruct on, lorsque, le jour de l'audience arrivé, les témoins viennent déposer en personne.

Les faits relatifs à Songeon ont été expliqués en partie, soit par les journaux, dans le compte-rendu du procès de Versailles, soit par l'insertion d'une nouvelle lettre venue de Londres, et écrite à la suite d'une entrevue entre Edouard de Montjau et Songeon. Mais quant à l'immixtion du docteur Hodé dans toute cette affaire, on ne peut se dispenser de consulter le *Moniteur*, si l'on veut être complèt-ment éclairé. Sa lecture prouvera, entre autres choses, que c'est sous le coup d'un mandat d'arrêt, et non comme simple témoin, qu'Hodé avait d'abord été interrogé.

Après cette pet te digression, que nous n'avons pas crue inutile, arrivons à ce qui est l'objet plus spécial de cette notice.

Le citoyen Jacques-Nestor-Lucien Songeon, âgé de 34 ans, né à Bourgoing (Isère), est fils d'un général de l'empire. Si nous en croyons quelques amis qui disent le bien connaitre, ce serait un républicain du lendemain, mais un républicain sincère et tout à fait converti au socialisme.

C'est cependant un des orateurs qui auraient le plus insisté, lors des dernières élections générales, au comité démocratique-socialiste, pour qu'on acceptât une liste de fusion dans laquelle figureraient notamment le colonel Guinard et le colonel Forestier. Mais on s'expliquerait cette tentative, contraire au principe qui prévalut, à une époque où les préventions contre ces deux candidats étaient dans toute leur force, plutôt comme le résultat d'une influence exercée sur son esprit par des relations personnelles, que par des idées bien mûries.

Songeon était, comme Servient, du *comité central des républicains démocrates-socialistes*, et comme lui il fut délégué par le peuple au comité qui absorba plus tard tous les autres dans son sein.

Songeon, non-seulement s'est toujours montré un des membres les plus assidus des réunions, mais il s'y est fait distinguer par la facilité de la parole et ses formes conciliantes. Le seul reproche qu'on pût faire à ses discours, dont il se montrait peu avare, c'était de trop rappeler, par leur diffusion, la profession de Songeon, qui est avocat.

Songeon faisait partie de la commission des vingt-cinq, et il était, en cette qualité, accusé de complot et d'attentat. Il a été, par contumace, condamné à la déportation.

CHIPRON. — Tout est mystère dans la vie de Chipron, et ceux qui l'approchent le plus n'ont pu pénétrer son passé. On sait seulement qu'il a voyagé en Angleterre, qu'il a parcouru l'Amérique, et que, soit dans ses pérégrinations, soit en France, il a amassé des connaissances qui lui permettent de soutenir avec avantage les discussions qui s'élèvent sur la politique ou le socialisme.

Il faut dire d'ailleurs que Chipron est loin, tant s'en faut, d'être un homme ordinaire. Simple ouvrier argenteur, au dire de l'accusation, soit qu'il ait consacré à des études sérieuses les loisirs que tant d'autres donnent aux plaisirs et à la dissipation ; soit qu'il ait reçu dans sa jeunesse une éducation supérieure à l'état qu'on lui attribue, Chipron connaît beaucoup de choses qui ne sont guère d'habitude le partage de l'ouvrier. Aussi croirions-nous volontiers que le parquet n'a pas été plus heureux que nous dans ses recherches, surtout quand nous nous rappelons que Chipron avait voulu, dans sa jeunesse, se présenter à l'école polytechnique.

Quoi qu'il en soit, Chipron est une de ces imaginations aventureuses, une de ces natures essentiellement artistes que le repos fatigue et qui ne trouvent du calme que dans l'agitation. Il n'a que trente-deux ans, et déjà, nous l'avons dit, il a parcouru l'Amérique, ce pays des républiques bourgeoises, et a pu apprécier, sur les lieux mêmes, en quoi la République française, eu égard aux mœurs et

à la civilisation des deux pays, devait se distinguer de
son aînée. Il a rapporté de ses excursions par-delà
l'Atlantique une foule d'observations qui ne manquent
pas de donner de l'autorité à ses paroles, toutes les
fois qu'il est question, entre théoriciens, des institutions qui conviennent le mieux à un peuple grand et
libre. Son voyage en Angleterre ne lui a pas moins été
utile pour toutes les questions qui touchent à l'industrie pratique.

Chipron est né à Lyon, cette ville dont le chaud
patriotisme a glorieusement racheté ses erreurs de la
première révolution. Il fut un des membres influents
du *Comité démocratique-socialiste*, et sa nomination
comme membre de la commission des vingt-cinq ne
souffrit point de difficulté.

C'est en cette qualité qu'il était accusé de complot
et d'attentat dans le procès du 13 juin. Il a été condamné à la déportation.

Chipron, qui d'après le volume imprimé, avait assez longuement répondu au juge d'instruction dans
ses interrogatoires, a refusé les débats dès que le
procès a commencé. A la première interpellation du
président de la haute Cour, l'accusé a répliqué :
« Amené par la force sur ces bancs, je déclare ne pas
» accepter la qualification d'accusé que vous me
» donnez, parce que ce serait reconnaître implicite-
» ment ici l'existence d'un tribunal, et, en politique,
» je ne sache pas qu'il y ait autre chose que des exé-
» cutions. Or, exécuter n'est pas juger. En conse-

12.

» quence, je refuse de prendre aucune part à ce qui
» pourra se dire ou se faire dans cette enceinte. —
» M. le président : Vous refusez de dire vos noms?
» — L'accusé : Je refuse. » (*Moniteur* du 14 octobre 1849.)

MOREL. — Celui-ci n'est qu'un simple ouvrier
botier, mais c'est en même temps un homme d'une
certaine portée d'esprit.

Avant de marquer dans le parti républicain, Morel
avait acquis parmi ses camarades la réputation d'un
ouvrier des plus habiles dans les choses de son métier. Après avoir atteint, sous ce rapport, les dernières
limites de la perfection, il songea à développer ses facul-
tés intellectuelles : il consacra ses nuits et ses jours à
l'étude, et le succès avec lequel son esprit se prêta à
la compréhension de la politique et du socialisme,
prouve qu'il n'est pas de position sociale si minime
qui n'ait ses hommes de mérite.

Quand déjà on s'est fait remarquer d'une façon
quelconque, la voie est bien plus facile pour acquérir
les autres distinctions. Les camarades de Morel lui
surent gré de ses efforts pour émanciper le prolétariat, et partout où leurs intérêts moraux ou matériels
devaient être représentés, c'était Morel qu'ils délé-
guaient.

C'est à cette confiance dont il a été constamment
l'objet, que Morel a dû de faire partie du *Conseil cen-*

tral des républicains démocrates-socialistes, et, plus tard, après la fusion, du *Comité démocratique-socialiste*. Il s'est distingué, dans l'un comme dans l'autre, par la sagesse de ses observations, l'à-propos de ses remarques. Ses meilleurs amis lui reprochaient cependant de prendre trop souvent la parole et d'abuser un peu, dans les discussions, de la déférence qu'on lui montrait.

Morel n'a que vingt-neuf ans. Le résultat de ses études l'a conduit au communisme. Il faisait partie de la commission des vingt-cinq, et s'est trouvé inculpé de complot et d'attentat. On dit que, se livrant de nouveau avec ardeur à son état manuel, il attend patiemment à l'étranger que de meilleurs jours luisent pour sa patrie.

Mais jusque là, le voilà condamné à la déportation.

MADIER DE MONTJAU (jeune). — Comme tous les hommes d'une intelligence supérieure, car c'est le cas pour celui-ci, le jeune Madier de Montjau a été en butte à bien des attaques, même dans son propre parti. Cependant il serait difficile de trouver un dévouement plus absolu à la cause du peuple, joint à un désintéressement plus profond.

Édouard Madier de Montjau est né à Nimes (Gard). Quoique âgé seulement de 34 ans, il est depuis longtemps avocat.

On s'est demandé souvent pourquoi il ne plaidait pas, car il est doué de toutes les qualités du barreau. Quelle qu'en soit la cause, cette abstention du jeune Madier de Montjau est vivement à regretter ; son esprit clair et méthodique, ses études variées et son jugement sain, en auraient fait un bon orateur.

Mais le barreau, en s'emparant de notre jeune ami, nous eût peut-être enlevé une homme politique.

C'est aux conférences du quai d'Orsay qu'Édouard Madier de Montjau a fait ses premières armes dans l'art de discourir. Dès son entrée dans le sanctuaire où tant de jeunes gens se sont initiés au talent de la parole, le jeune Madier se fit remarquer par les qualités qui le distinguent, et devint, pour ainsi dire, un des oracles de l'association.

Toutefois, les conférences du quai d'Orsay ne pouvaient suffire à l'ardente activité d'Édouard, et sa tête comme son cœur le portèrent successivement à organiser diverses sociétés, dans le but de venir en aide aux classes ouvrières. C'est de cette époque que date un dévouement qui n'a jamais fait défaut à la cause démocratique.

En même temps qu'il mettait sa philanthropie en pratique, car alors le socialisme en était à ses premiers bégaiements, Madier nourrissait son esprit des meilleurs ouvrages politiques, et attendait avec impatience l'occasion de dire sa pensée sur l'ordre et la marche des gouvernements.

Cette occasion il la trouva d'abord dans l'*Esprit*

public, et puis dans la *Patrie,* pendant le court espace
de temps où ce dernier journal resta dans la voie démocratique. Tant que la *Patrie* suivit une ligne selon
son cœur, Édouard de Montjau en fut un des rédacteurs principaux ; le jour où son ami Paya quitta la
rédaction en chef de la *Patrie,* Madier de Montjau
jeune cessa de collaborer au journal.

Depuis la Révolution de Février, à laquelle il prit
une part active, on trouve le nom d'Édouard de Montjau mêlé à tous les mouvements de la République ou
du socialisme. Nommé par le Gouvernement provisoire commissaire général de dix départements, il
accomplit sa mission en quelques jours et revient à
Paris combattre avec énergie, dans les clubs, les progrès et l'insolence de la réaction. *Le Peuple* se fonde,
et Édouard de Montjau devient un de ses rédacteurs ;
les ouvriers veulent s'associer, et Édouard de Montjau
rédige par douzaines les statuts des associations, sans
vouloir jamais consentir à recevoir le moindre salaire
ou le moindre cadeau pour prix des embarras qu'il
se donne. Enfin quand il s'agit d'influer sérieusement
sur les élections de la Seine, Édouard de Montjau est
un de ceux dont le concours contribue le plus puissamment à former le *Conseil central des républicains
démocrates-socialistes.*

Le premier arrondissement récompensa tant d'honorables efforts, en nommant à une grande majorité
Édouard de Montjau délégué du Peuple au *Comité démocratique-socialiste.* Il se montra fort assidu aux

assemblées et prit à toutes les discussions une part très-active. Lors de la clôture des élections du 13 mai, il fut nommé membre de la commission des vingt-cinq.

Une condamnation pour délit de club l'a frappé depuis cette époque, et un second jugement l'a atteint pour cause de propagande socialiste dans le Loiret, à l'occasion de sa candidature, qui a failli être couronnée de succès.

Trois causes retiennent donc Édouard de Montjau à l'étranger, où il se trouve en compagnie de Louis Blanc, Ledru-Rollin et tant d'autres républicains éminents : deux jugements définitifs, auxquels il désire se soustraire, et une accusation de complot et d'attentat qu'il refuse de discuter, ne reconnaissant point la compétence des juges, ainsi que l'explique une lettre qu'il a signée avec d'autres contumaces.

Il a été, le 15 novembre 1849, condamné à la déportation, par la haute Cour de Versailles, jugeant sans jury.

Édouard de Montjau est le frère de l'avocat du même nom qui s'est fait une réputation déjà si brillante par les défenses répétées du journal *le Peuple*, en diverses causes ; par les discours remarquables qu'il a prononcés en faveur de journaux démocratiques poursuivis dans les départements ; enfin par quelques incidents du procès de Versailles, où il défendait Baune et Maillard.

TESSIER-DUMOTAY. — Si le désintéressement est la première vertu dans une république, personne n'a plus droit que Dumotay à se dire républicain. Une grande partie de sa fortune, qui était considérable, est passée dans les mains de la démocratie ou du socialisme, sans que jamais celui qui se montrait si libéral envers les journaux, les écoles ou les associations, ait demandé qu'on lui rendît en honneurs ou en réputation ce qu'il donnait en dévouement.

Mais ce n'est là qu'un des moindres titres de Dumotay à la reconnaissance des démocrates-socialistes. On sait combien, lorsque l'homme a savouré les jouissances que procure un grand revenu, il lui est dur d'accepter la gêne et les privations; on sait avec quel ardeur il court après le rétablissement de sa fortune. Eh bien, Dumotay a détourné la tête, quand l'occasion de redevenir riche s'est présentée devant lui, quoiqu'on ne lui demandât qu'un bien léger sacrifice.

On lui permettait de rester socialiste, mais on exigeait de lui l'engagement formel de ne plus prêcher le socialisme. A ce prix, le plus brillant héritage lui était offert, et à cet héritage était jointe l'absolue certitude d'arriver à l'Assemblée nationale. Eh bien, fortune, ambition légitime, il a tout sacrifié plutôt que de ne pas servir le socialisme dans l'entière mesure de ses forces.

Pardonne-moi, Dumotay, ces détails de famille, si dans ton exil ces lignes tombent sous tes yeux. Les

-caractères comme le tien sont si rares, que je n'ai pu résister au désir de le faire connaître !

. Tessier-Dumotay est né à Chollet (Maine-et-Loire); il est âgé de 34 ans. Il était du *Conseil central,* et il a été ensuite du *Comité démocratique-socialiste* et de la commission des vingt-cinq. Ce n'est pas seulement un homme de théories politiques, c'est encore l'homme d'action pour la cause du peuple. Il aime la science avec ferveur, et l'a montré dans ses travaux relatifs au sondage de la Manche. Tessier-Dumotay était accusé de complot et d'attentat. Jugé par contumace, il a été condamné à la déportation le 15 novembre 1849.

* **ANDRÉ.** — Pourquoi ce jeune avocat, dont les convictions sont aujourd'hui si ardentes, ne les a-t-il montrées que depuis la Révolution de février? On pourrait croire que c'est le triomphe de la République qui l'a seul décidé à se jeter dans la démocratie socialiste, et que son zèle à propager les doctrines nouvelles n'a d'autre but que de faire oublier qu'il est arrivé d'hier. Il n'en est rien pourtant, et nous qui savons le véritable secret de cette initiation tardive; nous serons heureux de le faire connaître.

Le citoyen Louis-Eugène André-Pasquet est né à Caen, le 29 avril 1821. Il fit ses études dans le collège de cette ville, et les succès qu'il obtint furent comme un présage de ceux qui l'attendent sans doute sur un plus grand théâtre.

André-Pasquet venait à peine d'être reçu avocat, c'était vers la fin de 1843, que son talent précoce et les espérances qu'il donnait firent jeter les yeux sur lui pour la défense d'un procès où d'importants intérêts se trouvaient engagés. Les doreurs, argenteurs et bijoutiers de la fabrique de Paris le chargèrent de soutenir, devant les tribunaux et les chimistes, leurs droits contre le monopole que s'arrogeaient MM. Ruolz et Elkington.

Mais ces brevetés, dont le procédé a eu tant de retentissement, avaient fourni un magnifique service au duc d'Aumale, et Louis-Philippe les protégeait. L'Institut faisait comme Louis-Philippe, et la féodalité financière, qui est toujours de l'avis des rois, couvrait également de son patronage deux industriels qui permettaient aux riches avares de jouer l'or et l'argent avec du fer.

Vainement André-Pasquet, pour mieux répondre à la confiance dont il était l'objet, se livra-t-il à l'étude de la chimie; vainement passa-t-il des veilles laborieuses et incessantes à lutter contre des puissances coalisées; tout ce qu'il gagna dans cette rude tâche, ce fut de voir ses cheveux grisonner. Quant au procès, après quatre ans d'efforts, André-Pasquet le perdit définitivement au mois d'avril 1848.

Cette date indique pourquoi le jeune avocat ne prit aucune part au mouvement révolutionnaire de Février. Absorbé tout entier par une cause où la liberté, l'égalité et le travail étaient engagés contre le monopole

13

et le capital, le bruit d'une monarchie qui tombait ne put l'arracher à son labeur favori.

Mais quand les événements de juin 1848 eurent donné lieu aux atrocités que l'histoire dira un jour; quand les calomnies de la réaction s'acharnèrent après les victimes qu'elle venait d'immoler, le cœur d'André ne put tenir à tant d'infamies. Secrétaire de M. Liouville, l'un de nos avocats les plus éminents, secrétaire de la conférence des avocats, position enviée par tant de stagiaires, il quitta tout, même le barreau, pour se lancer sans restriction dans le socialisme militant.

Depuis cette époque, André-Pasquet n'est pas resté inactif. Il a d'abord été membre du comité de septembre 1848 pour les élections partielles de la Seine, et organisateur, avec Hizay et Dupas, du comité de décembre institué pour la présidence. Il a soutenu, en outre, énergiquement, dans les réunions électorales, la candidature de Raspail, comme ayant une signification plus socialiste que celle de Ledru-Rollin.

Délégué par le Peuple au *Comité démocratique socialiste*, il fut de plus nommé vice-président par l'assemblée. Toutes les fois que Servient, empêché par la fatigue ou l'état de sa santé, ne pouvait présider lui-même, André-Pasquet le remplaçait au fauteuil; et, conduites par lui, les discussions marchaient sans encombre, car il sait allier une rare énergie à une extême convenance.

André-Pasquet faisait partie de la commission des

vingt-cinq. Il était accusé de complot et d'attentat dans l'affaire du 13 juin, et a été condamné à la déportation.

Nous tenons de bonne source un fait trop honorable à André-Pasquet, pour ne pas mériter d'être signalé. Reconnu coupable à la simple majorité, il fut pressenti, au nom du jury, pour savoir s'il lui serait agréable qu'on formât un pourvoi en grâce. André répondit négativement, car c'était justice et non faveur qu'il voulait.

A ce propos, nous ne pouvons nous empêcher de faire remarquer l'érudition des jurés auteurs de la proposition. Ils parlaient de pourvoi en grâce, c'est-à-dire de s'adresser au président de la République pour mettre André-Pasquet en liberté, et aux termes de l'article 55 de la Constitution, toute personne condamnée par la haute Cour de justice ne peut être qu'amnistiée, c'est-à-dire l'objet d'une loi votée par l'Assemblée nationale.

*DUFÉLIX. — Éléonor-Alphonse Dufélix , âgé de trente-neuf ans, est né à Coutances, département de l'Orne. C'est un homme de résolution et de courage, et un excellent républicain socialiste. Modeste employé de commerce, la faveur populaire est souvent venu le chercher pour jouer un rôle dans le parti. Le troisième arrondissement l'avait délégué au *Comité démocratique-socialiste,* et quand on nomma la com-

mission des vingt-cinq, il fut un des membres qui
obtinrent le plus de voix. Dufélix était accusé de
complot et d'attentat, et a été condamné à la déportation. Sa conduite dans le procès a été énergique et
digne.

* **LEBON.**—C'est par erreur que le ministère public a classé Lebon parmi les membres de la commission des vingt-cinq. Conformément à une décision prise
par le *Comité démocratique-socialiste*, Lebon dut
donner sa démission de membre de ce comité, quand
il fut porté sur la liste des candidats aux élections de
la Seine. Cependant nous le conservons à la place que
lui a marquée l'acte d'accusation, puisque, tout en
reconnaissant son erreur à l'audience, le ministère
public l'a maintenu dans l'ordre primitivement adopté.

Napoléon Lebon, âgé de 42 ans, est né à Dieppe, la
patrie de Duquesne, ville non moins fameuse par les
luttes qu'elle soutint dans le xie et le xiie siècle, que
par le bombardement des Anglais et des Hollandais,
en 1694. Lebon était bien digne, par le patriotisme
qui le signale, d'appartenir à une cité dont les enfants
ont donné de si nombreuses marques de courage.

En 1826, Lebon, qui n'avait que dix-neuf ans, était
élève en médecine, lorsqu'il fit son apprentissage politique au sein des *Amis de la vérité*, présidé par
Buchez,
    qui depuis... mais alors il était patriote.
Recruté en 1829, par Godefroi Cavaignac, qui orga-

nisait la lutte contre la monarchie, Lebon entra dans les cadres destinés à remplacer la Charbonnerie, dont les éléments étaient dispersés, et qui, à cette époque, n'était presque plus à Paris qu'à l'état de souvenir.

Quand vinrent les journées de Juillet, Lebon se fit remarquer assez parmi les combattants pour que la commission des récompenses nationales lui décernât, sans qu'il l'eût demandée, la croix au ruban bleu. Mais Louis-Philippe exigeant des nouveaux décorés qu'on jurât fidélité à sa personne, Lebon aima mieux renoncer à une décoration méritée que de prêter un serment qu'eût démenti son cœur.

Ce refus était d'autant plus naturel, que Lebon, républicain alors comme il l'est aujourd'hui, avait été du petit nombre de ceux qui tentèrent un mouvement pour empêcher la Chambre des députés de confisquer la révolution, au profit de Louis-Philippe.

Le nouveau règne ne tarda pas à justifier les craintes que les amis du pays avaient conçues. Mais déjà, pour opposer d'avance une digue aux mauvaises passions du gouvernement, et l'arrêter dans sa marche rétrograde, les républicains avaient fondé la *Société des Amis du Peuple* et le *Comité républicain pour la liberté de la presse et la liberté individuelle*. Lebon, toujours présent quand une action courageuse était à accomplir, fut membre de la première société et fit partie du bureau qui dirigeait la seconde.

Autant étaient vives et incessantes les attaques contre le droit naturel, des libéraux de la Restauration,

13.

autant était énergique et répétée la résistance des
républicains. Ceux-ci constituèrent les *Droits de
l'Homme*. Mais la police et les lois nouvelles rendaient
impossible l'existence d'un club. Alors, par l'initiative
du vénérable citoyen A. Caunes, la société se sec-
tionna par groupes de dix à vingt personnes, que des
commissaires de quartier ou d'arrondissement re-
liaient à un comité central. Lebon fut un des associés
les plus actifs de cette organisation nouvelle, qui se
fit en 1832.

Quand on sait combien les partis politiques comp-
tent de traîtres, et comme il est rare que l'œil du
gouvernement ne perce pas à travers les mystères les
plus secrets, on ne peut être surpris qu'un homme de
la trempe de Lebon ait été signalé comme l'adversaire
le plus dangereux de la royauté. Aussi, de 1831 à
1834 seulement, le courageux républicain paya-t-
il son patriotisme par neuf emprisonnements suc-
cessifs.

Ce n'était encore néanmoins que le prélude des jugements qui devaient le frapper. Dans le courant de
1834, de nombreuses corporations d'ouvriers s'étaient
mises en grève. Faibles isolément, le parti républicain
voulait les relier en un faisceau et organiser les travailleurs d'après le principe de solidarité dans le chô-
mage ou dans le travail. Lebon, pour s'être mêlé de
cette organisation fraternelle, fut condamné à cinq
ans d'emprisonnement.

Et comme si on ne devait combattre en faveur de

la liberté qu'à la condition de n'en jamais jouir, la Cour des pairs, en 1835, renchérissant sur les tribunaux, condamna notre ami à la déportation.

On sait ce qui eut lieu pour ce grand procès. La Cour des pairs refusa d'admettre aux débats les défenseurs que les accusés avaient choisis, et déclara explicitement qu'elle jugerait, même en l'absence des parties. Ce fut alors que vingt-huit républicains, parmi lesquels Lebon, s'évadèrent de Sainte-Pélagie où ils étaient détenus; car ils ne pouvaient plus ni attendre justice, ni trouver l'occasion d'instruire le pays de ses droits et de ses devoirs.

Cependant l'emprisonnement de Lebon dans ce vieux couvent, dont les murs ont fait gémir tant de cœurs généreux, n'avait pas été sans fruit pour la sainte cause du Peuple. Disciple de Buonarotti, dont il avait embrassé les doctrines avec ferveur, Lebon prêchait l'égalité, non-seulement politique, mais sociale, c'est à-dire réelle. De 1832 à 1834, il n'avait cessé de faire des conférences à Sainte-Pélagie, et le résultat de ces nombreux entretiens fut de rallier quelques amis à son opinion.

Alors, trop pauvres les uns et les autres pour pouvoir fonder un journal, et n'en trouvant aucun qui voulût les aider dans leur tâche, ils eurent recours, pour propager leur enseignement, à des feuilles lithographiées qui, partant de Sainte-Pélagie, passaient par la Conciergerie et la Force, et séjournaient dans les sections, où elles remuaient puissamment les classes

ouvrières. Le résultat de cette tentative fut de forcer
bientôt les républicains à compter avec une fraction
du parti qu'on a décorée depuis du respectable nom
de socialiste.

Nous avons dit que Lebon s'était évadé en 1835 de
Sainte-Pélagie. Depuis cette époque jusqu'en 1848,
c'est-à-dire pendant treize années, il fut constamment
dans l'exil. Il parcourut l'Espagne et l'Angleterre, et
séjourna particulièrement à Londres. Les réfugiés
polonais, italiens, etc., qui s'y trouvaient en même
temps que lui, n'ont pas oublié le zèle que Lebon mit à
poursuivre au milieu d'eux la tâche que quelques années auparavant il s'était imposée à Paris.

Lorsque la royauté, par une amnistie complète,
ouvrit aux républicains français les portes de la patrie, Lebon crut devoir n'en pas profiter, et se cloua
sur la croix d'un exil désormais volontaire. Il n'eut
aucun blâme pour ses camarades qui agirent autrement que lui ; car, ainsi qu'il le dit lui-même, sans
doute qu'ils crurent bien faire et pensèrent pouvoir,
en France, être utiles à quelque chose, tandis qu'à
l'étranger ils ne seraient bons à rien. Cependant la
détermination de Lebon ne fut pas légèrement prise.
Se laisser amnistier, pensait-il, c'est faire la paix avec
l'auteur de l'amnistie ; c'est renoncer, au moins impli-
citement, à une guerre de principes, c'est abandonner les principes eux-mêmes. Que si l'on reprend son
œuvre, ce ne peut être que d'une manière détournée
et peu digne. Dans le système de Lebon, il n'y a point

de grâce à recevoir, ou ce serait un devoir que de n'en pas faire. Des hommes d'ailleurs qu'un parti a mis à sa tête, doivent toujours songer qu'ils restent comme un exemple vivant, et s'appliquer à n'en pas donner de mauvais. Et si l'on a pris des roseaux pour des colonnes, d'sait-il dans son langage pittoresque, que diable deviendra l'édifice?

Voilà les considérations qui portèrent Napoléon Lebon à ne pas répondre à l'appel de la royauté. Ce fut alors qu'il parcourut l'Espagne, où, seul et n'ayant que sa conscience pour le soutenir, il attendit que Février l'amnistiât à son tour et le rappelât au service de la démocratie.

A peine arrivé à Paris, le Gouvernement provisoire s'empressa de lui offrir une position en harmonie avec ses aptitudes et à la hauteur de ses services. Mais déjà la pente qui entraîna la République dans l'abîme commençait à se faire jour, et Lebon ne voulut rien des hommes qui perdaient la cause du peuple, quoiqu'on ne cessât de les avertir.

Cependant, malgré le triste état de sa santé, Lebon ne resta pas inactif; mais il continua, dans la mesure de ses forces, l'œuvre de propagande qu'il a poursuivie toute sa vie. Le peuple de Paris lui montra sa reconnaissance pour tant de dévouement, en le nommant d'abord délégué au *Comité démocratique-socialiste,* et en lui donnant plus tard un nombre immense de voix dans les élections générales de la Seine. Puisse l'appoint qui a manqué à Lebon pour être nommé repré-

sentant, ne pas lui faire défaut à la prochaine occasion! De pareils hommes sont trop rares pour qu'on
ne soit pas heureux de les voir siéger à l Assemblée
nationale.

Napoléon Lebon était accusé de complot et d'attentat. Il a été condamné à la déportation. Quand le président lui a demandé, s'il avait quelque chose à dire
sur l'application de la peine, Lebon a répondu : « Sur
l'application de la peine!.... Je ne crois pas avoir,
dans ce débat, plaidé jamais l'atténuation. Vos ennemis sont entre vos mains, messieurs, frappez-les efficacement, afin que leur jour, leur jour! n'arrive
pas!..... »

PARDIGON. — C'est le plus jeune des condamnés. Il n'a que 22 ans, et déjà la réaction en a fait sa
victime.

François-Claude Pardigon est né à Salon, département des Bouches-du-Rhône. Il étudiait le droit à
Paris, lorsque survinrent les événements de juin 1848.
A la suite de ces funèbres journées, et lorsqu'il n'y
avait plus de combat, Pardigon étant sorti de son domicile, fut arrêté, jeté dans le caveau du jardin des
Tuileries et blessé d'un coup de feu en pleine figure,
pendant un transfèrement prétendu. Ce coup de feu
l'a presque défiguré. Aussi a-t-il pu décrire, dans la
Vraie République, avec une indignation légitime et

un accent de vérité qui n'appartient qu'au drame, des scènes que l'histoire flétrira.

Pardigon n'était pas seulement membre du conseil central des républicains démocrates-socialistes; il était encore secrétaire de ce conseil. Plus tard il fut délégué par le peuple au comité démocratique-socialiste. Après les élections du 13 mai, on le nomma de la commission des vingt-cinq.

Pardigon n'était accusé que de complot. Il a néanmoins été condamné à la déportation par la haute Cour, jugeant sans jury.

BONNET-DUVERDIER. — Quoique contumace, c'est encore un des accusés dont il a été considérablement question dans le procès. Le ministère public a imaginé, à propos de Duverdier, d'établir qu'il y avait dans la commission même des vingt-cinq une commission de huit membres, qui se serait arrogé une action spéciale et indépendante. Bonnet-Duverdier, qui était de la commission des vingt-cinq, avait été considéré comme l'âme de cette sous-commission.

Le citoyen Edouard Bonnet Duverdier est né à Cadouin (Dordogne); il est âgé de vingt-quatre ans et était étudiant en médecine. Son âme et son cœur appartiennent tout entiers au socialisme. Comme Pardigon, il n'était accusé que de complot, et comme Pardigon, aussi, il a été condamné à la déportation.

CŒUR-DE-ROY. — Par quel jeu bizarre du sort un républicain aussi déterminé peut-il s'appeler Cœur de-Roy! Il est l'ennemi né de toutes les tyrannies, et la cause des peuples n'a pas de plus chaud défenseur. On prétend même qu'il était plutôt poursuivi pour ce qu'il pense que pour ce qu'il a fait.

Le citoyen Jean-Charles-Ernest Cœur-de-Roy, étudiant en médecine, né à Avallon (Yonne), est âgé seulement de vingt-quatre ans. Son patriotisme lui avait mérité d'être du comité des écoles et de la commission des vingt-cinq. Accusé de complot seulement, il a été condamné, par contumace, à la déportation.

*SCHMITZ.— Le ministère public a surtout considéré Schmitz comme un des principaux organisateurs de la manifestation du 13 juin. Aussi M. l'avocat général Suin a-t-il cru devoir, à propos de lui, changer l'ordre adopté par l'acte d'accusation, et faire passer, dans son réquisitoire, le prévenu avant Guinard et autres, qui auraient voulu seulement protéger les représentants après que la manifestation avait été refoulée. Quand le procès de Versailles sera connu dans tout son jour, nous verrons ce qu'il y a eu de logique dans la conduite du second acolyte de M. Baroche. Pour le moment, ce n'est pas de cela qu'il s'agit.

Le citoyen Charles Schmitz est né à Nancy en 1820.

Issu d'une famille plébéienne honorée dans tout le pays, il a pour père un homme dont la loyauté est presque proverbiale et qui, à cette première recommandation, joint le patriotisme le plus pur, ainsi que l'ont prouvé la plupart de ses actes.

Pendant les dernières invasions de la France, le père de Schmitz, improvisé deux fois chef de corps francs, a opposé une lutte incessante et terrible aux cosaques de toute espèce qui servaient d'avant-garde aux armées coalisées.

Rentré dans la vie privée, par suite des malheurs de la patrie, le père de Schmitz devint un des industriels les plus distingués des départements de l'Est. Les travaux de tous genres qu'il exécuta à Nancy, joints au courage dont il fit preuve dans divers incendies, comme commandant du bataillon de sapeurs-pompiers, durant une période de vingt-cinq ans, décidèrent le gouvernement, qui déjà lui avait accordé de nombreuses médailles, à le décorer de la Légion d'Honneur, malgré ses opinions républicaines.

Le père de Schmitz fut, après la Révolution de Février, directeur des ateliers nationaux de Nancy, et fit tous ses efforts pour concilier les intérêts du gouvernement avec les égards dus à la classe ouvrière.

Charles Schmitz n'a pas hérité seulement des vertus républicaines de son père; il lui doit encore cette activité, cet amour pour le travail sans lesquels on ne peut être un bon citoyen, puisque le parasitisme est une des lèpres de la société.

14

S'étant engagé de très bonne-heure dans le 3ᵉ régiment du génie, Schmitz cédant, après six ans de lutte, à son amour pour la liberté, abandonna son grade de sergent-major et l'espérance d'une prochaine épaulette, pour rentrer dans la vie privée. Il était entré au corps en 1836, il en sortit en 1842. De ces six années, il en passa quatre en Afrique, et contribua, entre autres affaires, au combat du passage de la Tafna.

En novembre 1838, étant en garnison à Metz, Schmitz fut porté à l'ordre du jour de la 3ᵉ division militaire, pour le courage qu'il avait montré dans les secours que porta son régiment à des ouvriers ensevelis sous les décombres d'une maison qui s'était écroulée. Il fut aussi, dans la vie privée, l'objet des remerciements de ses concitoyens, pour la part énergique qu'il prit à Nancy à l'extinction de différents incendies. Schmitz a reçu pour ces faits une médaille d'argent.

Tant que dura la monarchie, Charles Schmitz ne trouva guère d'occasion pour faire preuve de ses sentiments démocratiques; mais il coopéra activement à la Révolution de Février, et sa conduite, dans la journée du 24, jointe à ses antécédents connus, le firent nommer, par ses camarades du 5ᵉ arrondissement, capitaine de l'artillerie parisienne, lorsqu'on réorganisa la légion de cette arme.

Schmitz fit partie, pendant deux mois, du bureau du *club des droits de l'homme*, et fut aussi, jusqu'au dernier moment, membre du *club de la révolution*.

De 1843 à 1846, Schmitz avait été administrateur

forestier des établissements métallurgiques de Tuzey (Meuse); à cette époque, il est attaché comme conducteur-dessinateur à la commission des monuments historiques; mais en 1847, M. Duchâtel, ministre de l'intérieur, le destitue pour cause d'opinion. Alors il entre à l'administration des hospices, en qualité d'architecte sous-inspecteur, et fait partie du personnel chargé de surveiller les travaux de l'hôpital Louis-Philippe, depuis hôpital de la République. Mais ici encore, ses opinions devaient l'entraver dans sa carrière. Lors de l'affaire du 29 janvier, sommé par MM. de l'administration de donner sa démission d'officier d'artillerie, ou de résigner les fonctions qu'il remplit, il préfère donner sa démission que de renoncer à son indépendance. La république démocratique et sociale continue donc à le compter dans ses rangs.

Le 11 juin 1849, Schmitz fut un de ceux qui prirent l'initiative de la résistance contre un pouvoir violateur de la Constitution. La 5e légion de la garde nationale, pour lui rendre hommage et le remercier de son zèle, le nomma président de son comité: récompense méritée et bien douce de tant de tribulations endurées !

Nous avons déjà dit la part que le parquet attribuait à Schmitz dans la manifestation du 13 juin. Il paraît bien cependant qu'il n'a été compromis que sur des notes de police, car c'est le 21 seulement, huit jours après l'événement, qu'il a été arrêté.

Schmitz a fait preuve dans les débats d'une rare énergie de caractère. M. l'avocat-général Suin, dans son réquisitoire, ayant présenté à sa façon les faits qui lui éta eut relatifs, l'accusé se levant tout-à-coup s'écria d'une voix stridente: « Personne n'a dit cela. » L'organe du ministère public s'arrêta court; le président fit observer à Schmitz qu'il pourrait réclamer dans la discussion. Schmitz répliqua qu'on n'avait pas le droit de mentir. M. de Royer requit aussitôt ; la Cour, qui avait précédemment frappé Daniel-Lamazière, pour une apostrophe énergique à un témoin, répugnait évidemment à une seconde comdamnation. Me Jules Favre, en l'absence de Me Crémieux, défenseur de Schmitz, s'efforça d'atténuer la gravité de l'incident; le président lui ménagea l'occasion de se rétracter ; le premier avocat-général déclara qu'il était prêt à renoncer à ses conclusions, si l'accusé retirait son offense ; les amis assis à ses côtés engageaient Schmitz à un moyen terme. Pour toute justification, Schmtz se levant une seconde fois, déclara que quand un homme quel qu'il soit, s'écarte de la vérité, il appartient à tout citoyen de relever l'individu qui mént. Quant à moi, ajouta-t-il, je le relèverai toujours. — Vous aggravez votre position, s'écria le président. — Qu'on dise la vérité, et, qu'on ne s'en écarte pas, répondit Schmitz. Frapper un homme terrassé, ce n'est pas loyal. Là dessus, la cour comdamna Schmitz à deux ans de prison, *pour offense à un magistrat dans l'exercice de ses fonctions.* C'était à l'audience du 7 novembre. Six jours plus tard, il était déporté.

Schmitz, depuis qu'il est à Doullens, a reçu une
compensation bien douce à sa double condamnation.
Ses camarades de la 5e légion lui ont adressé, avec la
plus belle lettre, une médaille d'argent frappée en son
honneur, et sur laquelle on voit d'un côté, avec l'effi-
gie de la République : *Constitution de 1848, art. 5,
8, 54, 110 ;* de l'autre, on lit : *Les Démocrates de la
5e légion, à Ch. Schmitz, 13 juin, 13 novembre 1849.*

ÉT. ARAGO.— Godefroi Cavaignac, dont il était
l'intime ami , recommanda en mourant, à Étienne
Arago, de ne pas oublier la promesse qu'il lui avait
faite de mettre un jour en scène la république et
la légitimité. Ce projet devait s'accomplir au
moyen d'un ouvrage qui joindrait la vérité historique à
l'intérêt émouvant du drame, aux péripéties du roman.

Cette illustre amitié et le legs fait par un tel républicain à son lit d'agonie, disent plus que ne le sauraient
faire tous les éloges, quelles sont depuis longtemps
les opinions d'Étienne Arago. Mais toute sa vie, d'ailleurs, est là pour attester de ses sentiments démocratiques. Suivons-le dans les principales évolutions
de son existence.

Étienne Arago, âgé de cinquante ans, est né à Es-
tagel (Pyrénées-Orientales). C'est le frère de l'illustre
astronome, secrétaire perpétuel de l'Institut, directeur de l'Observatoire, républicain bleu, de l'école
du *National*, et ancien membre du gouvernement
provisoire. Il est frère aussi d'Arago, surnommé l'a-

veugle, ce vieillard aimable qui a fait le tour du monde, et qui, loin d'être refroidi par les ans et une cécité de longue date, charme souvent, dans les feuilletons des grands journaux, les natures ardentes et délicates, en semant des fleurs d'une imagination restée jeune, les épisodes de nombreux voyages remplis d'accidents et d'écueils.

Étienne Arago a fait avec distinction ses études au collége de Sorèze (Tarn), à une époque où cet établissement célèbre florissait sous la direction de M. de Fer'us. Ses condisciples, dont la plupart font aujourd'hui partie de l'Assemblée nationale, assurent que dès cette époque, l'enfant des Pyrénées-Orientales rêvait déjà une république pour la France, lorsque tant d'autres ne songeaient qu'à s'accommoder le mieux possible du pouvoir existant.

Sa jeunesse ne démentit pas son enfance; et l'on peut dire qu'une fois sorti de l'école, il n'y eut pas de combats ou de conspirations contre la monarchie où la personne d'Étienne Arago ne se trouvât mêlée.

Mais combattre sans succès un gouvernement fort et debout n'est pas un métier fructueux, et la fortune d'Étienne ne lui permettait pas de vivre sans travail; il dut donc chercher son existence dans les produits de sa plume. Cependant il ne voulait faire même de la littérature que dans les journaux démocratiques; et les journaux démocratiques n'étaient alors ni riches, ni nombreux. Aussi son estomac dut peut-être plus d'une fois, expérimenter ce que renferme de misères peu méritées une société mal assise. Des biographes peu bienveillants t'ont reproché, ô Étienne, la place que tu as un instant occupée sous la République ! Qui sait s'ils auraient voulu la mériter, comme toi, par tant d'amertumes volontaires sous la monarchie ! Je ne te reproche qu'une chose, moi, dans ton court passage à la direction des postes, c'est de n'avoir pas songé à remplacer, comme cela était ton droit et ton devoir, tant de royalistes par de francs républicains qui avaient souffert autant que toi !

Il vint un jour où, même sous la monarchie, Étienne Arago pouvait faire sa fortune ; c'est lorsqu'il était directeur du Vaudeville ; car il allait, à une administration intelligente, joindre la représentation de pièces personnelles pleines de verve et d'esprit. Mais le républicain couvait sous l'écorce du littérateur et de l'industriel. En toutes les occasions où le parti fut engagé, Étienne Arago, quand il ne paya pas de sa personne, paya de sa bourse, et plus d'une fois les recettes du théâtre aidèrent aux luttes des républicains. Parce que des moments d'infortune sont venus, des années mauvaises arrivées, les ennemis d'Étienne ont vivement attaqué la gestion de son théâtre et le déficit qui l'a suivie. Ceux qui connaissent tous les secrets de l'affaire auraient pu répondre que c'est par trop de générosité dans des moments heureux, par des calamités improbables arrivées plus tard, et nullement par imprévoyance ou incapacité, qu'Arago a laissé quelques dettes à combler. Si ses ennemis, d'ailleurs, eussent été justes, ils auraient su lui tenir compte de ce que, depuis ses malheurs, il n'a cessé de saisir toutes les occasions de désintéresser quelques créanciers, quand sa position le lui a permis.

Nous n'aurions eu garde d'entrer dans ces pénibles et intimes détails, qui ne sont guère du domaine de l'histoire, si nous ne les avions trouvés présentés sous un faux jour et avec une indigne méchanceté dans une biographie fort répandue. Mais nous devions faire justice de ce que nous attribuons à quelque haine particulière, et dire ce que nous croyons la vérité. Ce devoir rempli, continuons l'examen de la vie publique d'Arago.

Quand la *Réforme* se créa, Étienne Arago fut un des fondateurs de ce patriotique journal, qui donna enfin un organe sérieux et pleinement dévoué à la démocratie. L'ancien directeur du Vaudeville, plus connu jusque là comme écrivain dans la littérature que dans la politique, collabora à la rédaction que dirigeait Godefroi Cavaignac. Il prit plus tard le feuilleton du théâtre, dans lequel il ne cessa de faire preuve de ses connaissances spéciales sur la matière; mais de temps à autre les hautes colonnes du journal s'enrichissaient de ses travaux, et le conseil de surveillance le compta toujours, quel que fût le rédacteur en chef, comme une des colonnes de l'entreprise.

Indépendamment de ses travaux quotidiens, longs articles, entre-filets ou feuilletons, Étienne Arago, pour remplir la promesse qu'il avait faite à Godefroi, publia dans la *Réforme* un roman de longue haleine, sous le titre : *Les Blancs et les Bleus*, qui avait pour objet, comme nous l'avons dit, de mettre en présence les royalistes et les républicains. C'est un des livres où les grandes guerres de la Vendée ont été présentées sous la forme la plus dramatique.

Son roman terminé, Étienne mit la dernière main à une comédie en cinq actes et en vers, préparée depuis longtemps, et qui avait pour titre : *Trois aristocraties*. Cette comédie, représentée au Théâtre-Français, eut le plus éclatant succès, et fut unanimement louée par les journaux de toutes les couleurs.

Étienne Arago prit une part active à la Révolution de Février. Il se distingua particulièrement par son audace et son impétuosité dans le combat du Château-d'Eau et à la prise des Tuileries. Il fut aussi de ceux qui contribuèrent le plus à l'établissement de la République, par le concours qu'il donna à la publication d'un placard officiel, dès trois heures, sur les portes extérieures de la *Réforme*, avant que le Gouvernement provisoire eût rendu son décret, et pendant que quelques membres songeaient sérieusement à la régence. Quoi d'étonnant alors que ceux qui avaient combattu à ses côtés, qui avaient été témoins de tous ses efforts pour le triomphe de l'idée démocratique, aient songé à lui confier des fonctions qui exigeaient, dans les premiers moments surtout, une sollicitude incessante et un dévouement absolu au peuple. C'est là le véritable secret de l'élévation d'Étienne à la direction générale des postes.

Dans cette position importante, il fit preuve d'intelligence comme administrateur, et rêva des réformes salutaires que la bureaucratie et le temps ne lui permirent pas d'accomplir. Cependant, comme on doit la vérité même à ses amis, nous devons dire qu'en se prêtant un jour au retard de toutes les malles, dans l'intérêt de la candidature du général Cavaignac à la présidence de la République, il commit une faute qui lui sera éternellement reprochée.

Les votes d'Étienne Arago à l'Assemblée constituante témoignent d'une politique qui tenait le milieu entre la *Réforme* et le *National*, qui, même le plus souvent, se rapprochait du *National*. Était-ce sa position de fonctionnaire du gouvernement, étaient-ce ses convictions qui le firent dévier de la route suivie jusqu'alors ? nous ne saurions le préciser. Ce qu'il y a de certain, c'est qu'il fut constamment fidèle à la politique maudite du général Cavaignac. Peut-être, nous dira-t-il un jour les raisons qui l'ont déterminé; mais, quant à nous, nous ne pouvons que le blâmer de sa conduite, comme de l'expédition dont il s'est vanté contre le domicile de Cabet.

25,354 voix obtenues dans les Pyrénées-Orientales avaient envoyé Étienne Arago à la Constituante. Il ne s'est pas présenté aux élections pour l'Assemblée législative.

Étienne Arago a été impliqué dans l'affaire du 13 juin pour une lettre écrite, au dire de l'accusation, à M. Gervais Corbière, ancien directeur des postes à

Perpignan, et comme ayant assisté à la manifestation en uniforme de chef de bataillon de la garde nationale, 3e légion. E. Arago, jugé par contumace, a été condamné à la déportation par la haute Cour de Versailles, le 16 novembre 1849.

Il a expiqué, dans une lettre signée de Londres, en compagnie de Ledru-Rollin, R.beyrolles, Madier de Montjau, etc., lettre rendue publique et lue à l'audience, pourquoi il refusait les débats.

PÉRIER. — «Que diriez-vous, si je vous annonçais « que d'ici à trois jours vous conduirez à Vincennes « votre président et ses ministres?» — « Je dirais, « répondit Laurent, qu'auparavant nous nous ver- « rons dans la rue. »

Voilà, suivant l'acte d'accusation, une preuve péremptoire de la participation de Périer au complot et à l'attentat du 13 juin. On reproche en outre à Périer d'avoir donné le bras à Etienne Arago dans la manifestation, et d'avoir accompagné le repré entant Jannot à la mairie de Belleville, pour y porter des ordres du Conservatoire.

Périer était lieutenant colonel de la garde nationale de Belleville. Il a été, par contumace, condamné à la déportation.

*GUINARD. — Le temps n'est pas venu d'écrire toute la vérité sur le mouvement de juin 1848, la plus formidable des batailles dont Paris ait été témoin, le premier des combats livrés à la bourgeoisie par le prolétariat irrité. Mais comme nous croyons connaître la pensée de Guinard sur le caractère de cette grande lutte, nous pouvons dire comment il répond aux reproches que lui fait une partie de la démocratie française, sur la part qu'il prit à sa répression, comme colonel de l'artillerie parisienne.

Selon Guinard, toute tentative contre la majorité d'une assemblée issue du suffrage universel, autre que celles qui ont pour objet de la rappeler au respect de la Constitution, est une tentative coupable. Or, la Constituante, malgré ses fautes et ses tendances anti-révolutionnaires, n'en avait pas moins, jusqu'au 24 juin, laissé tout entiers au peuple les divers moyens de manifester pacifiquement sa pensée, la presse, les clubs, les banquets, les réunions nombreuses, les manifestations elles-mêmes. Donc, ceux qui annonçaient l'intention de dissoudre par la force l'Assemblée nationale, quels qu'ils fussent, ne pouvaient être approuvés des hommes qui s'inclinent devant les pouvoirs créés par la volonté générale. Ainsi Guinard, tout en maudissant les conséquences de la répression, et en flétrissant la manière dont la réaction a depuis usé de la victoire, ne croit pas avoir manqué à ses devoirs patriotiques en combattant l'insurrection de juin 1848. Telle est la pensée de Guinard, que nous n'avons, en ce moment, ni à défendre, ni à combattre, mais seulement à constater.

Tout le passé politique de Guinard, ses conspirations et ses luttes contre la monarchie, ses souffrances pour l'idée républicaine, se révèlent dans cette manière de comprendre la souveraineté. Voyons rapidement, par l'examen de sa vie, comment il a cherché à faire prévaloir ses idées.

Guinard est né à Paris, le 28 décembre 1799. Son père, qui avait été membre du Conseil des Cinq-Cents et du Tribunat, lui inculqua de bonne heure les principes de liberté dont il ne s'est jamais départi.

A peine sorti de Sainte-Barbe, où il avait fait ses études, en compagnie de ses amis Cavaignac et Charles Thomas, il concourut activement à la fondation de la Charbonnerie de concert avec Bazard, Joubert, Flottard, Francis Corcel, Sautelet; et dont firent bientôt partie Barthe, de Schonen, Buchez, Mérilhou, Kœchklin, Kératry, Amilhau, les deux Schœffer, et Lafayette lui-même. Aujourd'hui, que trente ans nous séparent du carbonarisme, on peut oublier ou méconnaître les services qu'il a rendus; mais si l'on veut se reporter à l'époque de sa fondation, et se rappeler qu'il entraîna dans sa sphère les hommes les plus importants de l'époque, on tiendra quelque compte, sans doute, de leur initiative, aux jeunes hommes qui en eurent la première idée. Voici, sur cette célèbre société secrète, quelques détails historiques qui, peut-être, ne seront pas sans intérêt.

Après la conspiration avortée du 19 août, dénoncée par Bérard, chef de bataillon de la légion de la Meur-

15

the, conspiration-toute bonapartiste, et dans laquelle figuraient aux premiers rangs, Trogoff, officier de la garde royale; Lavocat, ancien directeur des Gobe'ins; Laverderie, aujourd'hui général de gendarmerie en activité; Joubert avait été forcé de quitter la France. S'étant rendu à Naples, il entra dans l'armée qui, en ce moment, combattait les Autrichiens, et profita de cette occasion pour se faire affilier au carbonarisme, dont il apprit ainsi toute l'organisation.

Rentré à Paris en 1820, il initia à son secret quelques amis sûrs, et fonda la société des *Carbonari* italiens. Nous avons vu quels hommes importants pour l'époque en firent bientôt partie. Mais à l'origine il n'y eut que *sept* fondateurs, et ce furent sept jeunes gens.

La société se composait d'un nombre indéterminé de ventes. Chaque vente devait avoir vingt et un membres, pourvus chacun d'un fusil et d'une tunique bleue.

A la tête de la société était la haute vente, qui correspondait, par un député, avec la vente centrale.

Chaque vente centrale pouvait avoir autour d'elle vingt ventes particulières.

Une commission spéciale de la haute vente correspondait, par des députés, avec les ventes centrales militaires.

Plus tard, il fut établi une vente suprême. Elle se composait de cinq personnes, qui avaient la direction suprême de toute la société.

C'est la vente suprême qui fut chargée de la direc-

tion des différents mouvements qui furent tentés à
Belfort, à *Nantes*, à *Saumur*, à *Lyon*, *Joigny*, etc.

D'après une organisation aussi puissante, on ne
sera pas surpris que le carbonarisme ait dirigé tous
les efforts du parti libéral jusqu'après la déplorable
expédition d'Espagne, c'est-à-dire jusqu'à la fin de
1823. A cette époque, un grand nombre de personnages politiques se retirèrent de ses rangs, et seuls
les hommes les plus dévoués continuèrent l'œuvre,
sous la direction de Voyer d'Argenson et de Buonarotti. Dès ce moment, la société accepta franchement
la tradition des Montagnards les plus avancés de la
Convention. Et Guinard, qui, dans de fréquents voyages à Bruxelles, faits en compagnie de Godefroi
Cavaignac, allait se fortifier dans les principes de ce
temps fameux, auprès de Cambon, Barrère, Prieur
de la Marne, eut sa bonne part dans l'adoption du
nouveau programme.

Néanmoins, cette Charbonnerie régénérée eut des
relations beaucoup moins étendues que la première,
et se concentra pour ainsi dire à Lyon, sous la direction de Lortet.

Guinard fut l'ami des quatre infortunés sergents de
la Rochelle et du général Berton. Comme aucun mouvement patriotique ne pouvait se produire sans qu'il
s'y trouvât mêlé, il fut naturellement compromis dans
la *conspiration de Saumur* et dans *l'affaire de Belfort*, où se trouvait Armand Carrel, les deux Schœffer, etc.; conspiration avortée, malgré les efforts de

Lafayette, qui avait quitté son domicile de Lagrange, et était venu jusqu'à quelques lieues de Belfort, pour se mettre à la tête du mouvement. Enfin, Guinard ne laissa jamais échapper la moindre occasion de payer de sa personne, toutes les fois qu'il s'agit d'une tentative contre la monarchie.

Vers l'année 1827, des hommes qui avaient appartenu à la *Charbonnerie*, prévoyant une révolution prochaine, eurent l'idée de préparer à Paris les moyens de bien diriger les efforts du peuple.

A cet effet, ils organisèrent une *Société des Municipalités*, qui n'était autre que l'organisation secrète de l'administration municipale officielle.

Ainsi, chacun des douze arrondissements avait son maire, secondé par des adjoints. Des commissaires de police, des chefs de la force publique étaient chargés d'organiser le cadre de bataillons qui devaient recevoir les hommes disposés à jouer un rôle dans l'insurrection.

Godefroi Cavaignac et Guinard, qui étaient les fondateurs de cette nouvelle société, rédigèrent ensemble une déclaration de principes qui avait pour base la constitution de 1793. Mais cette déclaration fit naître des discussions très-vives, et les associés n'ayant pu se mettre d'accord, la société fut dissoute.

Ce fut un grand malheur ; car si la *Société des Municipalités* eût existé en juillet 1830, la république eût été certainement proclamée, le règne démoralisateur de Louis-Philippe n'aurait pas été infligé à

la France, et aujourd'hui, au lieu d'avoir seulement
une république nominale, nous aurions certainement
une répub'ique réelle.

La révolution de 1830, qui chassait la branche aînée
des Bourbons et sa politique tant de fois maudite, ne
pouvait trouver Guinard indifférent. Le 29 juillet, il
fut un des premiers qui entrèrent aux Tuileries à la
tête du peuple. Il fit plus, et de sa main Guinard
remplaça, sur le dôme du pa'ais, le drapeau blanc
par le drapeau tricolore, ne se doutant guère à ce
moment, que nos vieilles couleurs serviraient bientôt
d'abri à une nouvelle monarchie.

Malgré son républicanisme connu, Guinard fut
nommé membre de la commission des récompenses
nationales, instituée par la branche cadette pour
dédommager ceux qui avaient combattu la branche
aînée. Dans cette occasion, comme dans toutes celles
où son concours a été réclamé, le caractère à la fois
conciliant et ferme de Guinard lui fit des partisans
ou des amis de tous ceux qui l'approchèrent.

Cet hommage payé à sa loyauté par la nouvelle monarchie, est d'autant plus remarquable, que Guinard
faisait partie de la fameuse entrevue avec le lieute-
nant-général du royaume, depuis Louis-Philippe,
préparée par M. Thiers, dans l'espoir de corrompre
quelques républicains, et qu'il fut un de ceux qui
dirent au futur roi, après avoir entendu ses explications : « Désormais, comptez-nous pour ennemis. »

En 1831, Guinard, nommé capitaine de la 2ᵉ batte-

15.

rie de l'artillerie parisienne, eut bientôt occasion de proclamer devant la Cour d'assises, à côté de Godefroi Cavaignac, la légitimité du gouvernement républicain; parole bien hardie alors, si l'on se rappelle par quelles savantes combinaisons les libéraux de la restauration, devenus les flatteurs et les courtisans du nouveau trône, avaient répandu l'idée qu'une république ne pouvait convenir qu'aux petits États, comme la Suisse, ou aux nations naissantes, comme l'Amérique.

A la fameuse affaire des 5 et 6 juin 1832, où une poignée de héros opposèrent à des troupes nombreuses une résistance si énergique, Guinard fut un de ceux qui se distinguèrent le plus sur les barricades situées aux environs du Cloître St.-Méry.

Puis vint, devant la Chambre des pairs, en 1835, le célèbre procès d'avril. Guinard y figura en compagnie d'Armand Marrast, Caussidière, Godefroi Cavaignac, Kersausie, etc. Les accusés avaient choisi pour défenseurs Lamennais, Carrel, Raspail, Garnier-Pagès, Cormenin, Audry de Puyraveau, Michel (de Bourges), Bastide, Thibaudeau, Voyer d'Argenson, etc. Mais la Cour des pairs refusa de les admettre, sous le prétexte que la plupart de ces conseils n'étaient pas avocats, mais en réalité, pour éviter la proclamation de certains principes par l'élite de la démocratie. Les accusés déclinèrent alors le concours des défenseurs d'office, comme l'ont fait récemment, pour un motif analogue, les prévenus de Versailles.

Comme aussi les prévenus de Versailles, les accusés d'alors furent condamnés. Seulement, au lieu de subir la sentence qui les frappait, il arriva qu'un beau jour tous ces jeunes républicains s'évadèrent de Sainte-Pélagie, où ils étaient provisoirement emprisonnés. Guinard passa en Angleterre, d'où il ne revint qu'en 1839, par suite de l'amnistie qui s'étendit à tous les condamnés politiques.

Le rêve de toute la vie de Guinard allait enfin se réaliser, le 24 février. Aussi, dès qu'il vit jour à renverser la dernière des royautés qui devait régner sur la France, prit-il une part active aux combats qui se livrèrent. C'est lui qui, à la tête de quelques hommes du peuple, s'empara de la caserne des Minimes; lui encore qui, à midi, marcha sur l'Hôtel de-Ville à la tête de la 8e légion; lui enfin qui, un des premiers, proclama la République, qui devait plus tard si étrangement le récompenser de son constant amour pour elle.

La République instituée, Guinard fut successivement nommé adjoint au maire de Paris, préfet de police, et enfin chef d'état major de la garde nationale. Il refusa les fonctions de préfet de police, et n'accepta celles de chef d'état-major que jusqu'après la journée du 15 mai. Mais ce fut lui qui organisa la légion de l'artillerie parisienne, dont ses braves camarades le nommèrent colonel. Peu de chefs ont été aussi aimés que lui des hommes placés sous leurs ordres. C'est un fait que personne, amis ou ennemis, ne songera à contester.

Guinard fut aussi, sous la République, président d'un commission chargée de distribuer des récompenses nationales aux soldats de la liberté. Cette fois encore, il se livra, pour mettre le nouveau gouvernement en mesure d'accomplir un grand acte de justice, à un travail long, éclairé et consciencieux. Mais il eut le regret d'être forcé de donner sa démission sans avoir vu aboutir son œuvre. Les royalistes de l'Assémblée, qui ne pardonnent pas aux républicains la Révolution de Février, saisirent avidement le prétexte de quelques abus qui s'étaient glissés dans la liste, à l'insu de Guinard, pour faire écarter tout le monde et remettre indéfiniment le jour des récompenses. On a vu naguère de quel scandale, de quels orages la tribune a été témoin, parce qu'un honorable représentant de la Montagne rappelait au pouvoir son engagement tant de fois éludé.

En 1848, et à l'occasion de la sainte Barbe, la légion d'artillerie reconnaissante de tous les soins qu'il s'était donnés pour elle, du dévouement qu'il lui avait montré, offrit à Guinard, son colonel, un magnifique sabre d'honneur.

Guinard avait été nommé, par le département de la Seine, membre de l'Assemblée constituante à une majorité de 106,262 voix.

Ses votes furent presque toujours acquis à la Montagne, même pendant que Cavaignac, son ami personnel, mais dont il improuva très-souvent la politique, était chef du pouvoir exécutif.

Aux élections partielles pour la Législative, de juillet 1849, Guinard obtint, quoique déjà détenu à la Conciergerie, dans le département de la Seine, 6,300 voix.

Il eut, d'après le dépouillement, la majorité dans les 4e, 5e, 6e, 7e, 8e, 9e et 12e arrondissements, et n'échoua que par les votes de la banlieue. On ne manquera pas de remarquer qu'au nombre des arrondissements où Guinard obtint la majorité, se trouve celui qui comprend le Conservatoire des Arts-et-Métiers, lequel joue un si grand rôle dans le mouvement du 13 juin.

C'est comme colonel de la légion d'artillerie, que Guinard avait combattu l'insurrection de juin 1848; c'est comme colonel de la légion d'artillerie qu'il a été arrêté, emprisonné et poursuivi en juin 1849. Pour lui, cependant, dans l'une comme dans l'autre occasion, il ne faisait que défendre la République menacée. Il se trompait sans doute pour juin 1848; mais beaucoup sont de son avis pour juin 1849. Aussi ses paroles ont-elles trouvé de nombreux échos, lorsque, répondant à M. l'avocat général de Royer, qui faisait froidement du droit, tandis que lui sentait se réveiller en son cœur toutes les fibres patriotiques, il a dit à l'organe du ministère public : « Ah ! Monsieur, vous ne vous êtes jamais trouvé dans une position comme la mienne ; vous ne pouvez pas la comprendre ! »

Quoi qu'il en soit, voilà maintenant Guinard condamné à la déportation, par ces mêmes royalistes
dont il avait combattu les principes toute sa vie. Ne
désespérons pas de la France. Le jour de la répara-
tion viendra! En attendant, tous les hommes de
cœur ne peuvent que tenir compte à Guinard de sa
noble et courageuse attitude devant la haute Cour de
Versailles!

* **MONBET**. — L'école phalanstérienne p'ace l'a-
mitié parmi les passions cardinales de l'homme. Selon
Fourier, l'amour lui-même n'arrive qu'en second ordre, après l'amitié. Ceux qui connaissent Monbet, et
qui ont pu apercevoir une des qualités de son cœur,
seraient tentés d'en croire l'auteur de la *théorie des
quatre mouvements*. Monbet a voué à Guinard un attachement que nous pourrions comparer à celui de
Pilade pour Oreste, s'il n'était aujourd'hui de mauvais goût de faire des citations classiques. L'amitié,
telle que l'ont définie les moralistes, accepte celui
qui en est l'objet avec ses qualités et ses défauts.
Mais Monbet la pousse plus loin. Pour lui Guinard
n'a point de défauts. Voulez-vous bien vivre avec ce
récent fonctionnaire-major de l'artillerie parisienne,
cet ancien soldat d'Afrique, doux comme une femme
dans la vie privée, mais brave comme son épée dans
les combats ; ne lui dites pas que Guinard a pu se
tromper. Pour lui tout ce que Guinard fait est bien

fait. Veux-tu, Guinard, aller au feu?—Moi, Monbet, j'y
vais avec toi.[Crois-tu qu'il faille se faire tuer? Tu n'as
qu'à parler, je suis prêt. C'est donc un dévouement
absolu, un dévouement tel que le sentent les grands
cœurs, et auquel Monbet ferait sans doute tous les sacrifices, excepté celui de n'être plus homme d'honneur et républicain, ce qu'on ne lui demandera jamais.

Voilà une des faces principales du caractère de
Monbet, qui croit que la reconnaissance est le premier des devoirs pour l'homme, et qui, à ce premier
sentiment, a puisé dans la fréquentation de Guinard
une estime profonde pour sa personne, une véritable
admiration pour son passé.

Mais on se tromperait si l'on pouvait croire qu'en
dehors de cet attachement, Monbet est homme à se
sacrifier facilement à une personne ou à une idée.
Non, sous tous les autres rapports, il a son initiative
comme tout le monde, et ne manque assurément ni
d'intelligence, ni de sens, ni de raison.

Le citoyen Jean-Marie-Léon Monbet est né à Paris,
en 1818. C'est le petit-fils du citoyen Barbaron, chef
des volontaires de la Gironde en 1793.

Après avoir fait ses études au lycée de Reims, il
concourut pour l'école polytechnique, et n'ayant pas
été admis à son premier examen, il préféra s'engager que d'en subir un second.

Monbet entra comme volontaire, à 18 ans, dans le
11e régiment d'artillerie, et obtint en très-peu de

temps les grades de brigadier, fourrier, maréchal-des-
logis et maréchal-des-logis-chef. Il a été cité, en cette
dernière qualité, à l'ordre de la division de Lyon, en
tête de ceux qui s'étaient distingués par leur courage
et leur dévouement dans un incendie près de Valence,
au mois de septembre 1843.

Avant et après cette distinction, son instruction et
ses qualités militaires le firent porter trois fois au ta-
bleau d'avancement pour le grade d'officier d'artillerie ; mais à la veille d'obtenir l'épaulette, Monbet
prit son congé.

Rentré dans la vie civile, son caractère ne put s'ar-
ranger de ce genre d'existence tout nouveau pour lui,
et au bout de six mois, il se rengageait comme simple soldat au 2e régiment de chasseurs à cheval d'A-
frique, qui était alors en garnison à Oran. Il participa,
avec ce régiment, à toutes les expéditions qui eurent
lieu de 1845 à 1848, sous les commandements suc-
cessifs des généraux de Lamoricière, Cavaignac, et
des colonels Morris et Mac-Mahon. Pendant ces trois
années, Monbet passa successivement brigadier et ma-
réchal-des-logis ; et n'entrevoyant la possibilité de re-
gagner l'épaulette, si légèrement perdue dans l'artillerie, que dans une perspective éloignée, il se déter-
mina à se faire remplacer, malgré les assurances du
colonel Morris de le faire passer officier. Cette fois,
Monbet quitta définitivement l'armée après douze ans
de service actif.

De retour d'Afrique, il était à Paris depuis un mois

seulement, lorsque la Révolution de Février arriva. Il la
salua avec bonheur, et se trouva sur les barricades avec
plusieurs de ses camarades d'Afrique, quand il crut
qu'il faudrait les défendre. La lutte ne s'engageant pas
sérieusement de son côté, Monbet se dirigea vers les
Tuileries, et fut un des premiers qui entrèrent dans les
appartements de l'ex-roi, où il fit tous ses efforts pour
que, sous prétexte de républicanisme, quelques mauvais citoyens, comme il s'en glisse toujours dans les
mouvements les plus légitimes, ne se livrassent pas à
des dévastations dont le parti pût rougir.

La République instituée, et l'artillerie parisienne se
réorganisant, Monbet fut un des premiers à se faire inscrire comme simple soldat dans la légion. Mais dès
que le moment d'élire les officiers arriva, les camarades
de Monbet, d'un mouvement spontané, le portèrent au
grade de capitaine en 1er de la 9e batterie, malgré les
efforts de ses concurrents, Terrien du *National* et Bis-
sette, si tristement connu depuis lors par ses intrigues
et sa défection à la Guadeloupe.

Cette batterie se distingua bientôt par sa belle tenue
et son instruction. Des progrès si rapides étaient dus
au dévouement, aux connaissances militaires et à
l'activité infatigable du jeune chef qu'elle avait su
choisir. Monbet fut dès lors regardé comme un des
officiers les plus distingués de la légion d'artillerie.

Le zèle et le dévouement dont Monbet fit preuve
dans ses fonctions de capitaine, lui valurent un sabre

d'honneur que ses camarades de la batterie lui offrirent comme témoignage de sympathie.

Les officiers et sous-officiers de l'artillerie de l'armée, détachés comme instructeurs de la légion d'artillerie, ayant été rappelés à leur corps, par décision ministérielle, Monbet fut chargé en chef de l'instruction de la légion.

Plus tard, enfin, le colonel Guinard, témoin de sa conduite, et plein de confiance dans ses lumières, lui confia les fonctions de major de la légion, devenues vacantes par la mort si regrettable du commandant Maillard.

Le jeune capitaine remplit la nouvelle mission qui lui était confiée avec une intelligence remarquable.

Chargé de diriger l'instruction générale de la légion et de tous ses officiers, il sut remplir des fonctions si difficiles dans une légion de la garde nationale avec autant d'intelligence que d'adresse.

La capacité militaire de Monbet prouve, une fois de plus, quelles ressources la patrie pourrait trouver dans les rangs de la garde nationale, refuge de tant de jeunes sous-officiers qui se dégoûtent du service, en voyant le triste rôle que réservent à nos armées tous nos mauvais gouvernements.

La légion d'artillerie, dès les premiers jours de son organisation, avait étonné tout Paris par la parfaite régularité de sa tenue toute militaire.

Ces beaux résultats avaient nécessité des dépenses et une comptabilité qui exigeait tous les soins d'un militaire expérimenté.

Le capitaine Monbet sut bientôt, par sa fermeté, par son assiduité au travail, et par son tact exquis dans tous ses rapports avec ses camarades des différentes batteries, régulariser entièrement cette comptabilité difficile.

La légion n'était pas ingrate ; elle appréciait le mérite et le désintéressement du capitaine Monbet. Le colonel Guinard, qui n'était pas moins satisfait de son zèle, était sur le point d'obtenir de M. le général Perrot, commandant en chef de la garde nationale, sa nomination définitive au grade de major de la légion, quand arriva l'événement des Arts-et-Métiers.

Monbet, impliqué dans le procès de Versailles, à l'occasion de l'affaire du 13 juin, n'a eu qu'une préoccupation pendant tout le temps des débats, c'est d'être condamé si Guinard était condamné, acquitté si on acquittait Guinard. Que parlez-vous, colonel, de tou prendre sous votre responsabilité? Qu'est-ce que cette prétention de disculper ces braves officiers de l'artillerie, comme vous les appelez, en disant qu'ils n'ont fait qu'obéir à votre influence, malgré le discours du Palais-National, et que vous seul êtes coupable de leur action? Cela ne regarde pas Monbet. Il est bien vrai, ainsi qu'il le dit lui-même, qu'il a voulu suivre son brave colonel; mais cela ne l'empêche pas d'avoir sa part spéciale de responsabilité, et de mériter d'être frappé si l'on vous frappe. Ainsi donc, pas de générosité à son égard, il n'en veut point. Tout ce qu'il demande, c'est de partager votre sort !

Aussi, voyez comme dans ses explications, qui ont produit d'ailleurs une impression si marquée sur l'auditoire, sur le jury, sur la Cour elle-même, par leur franchise et leur lucidité, Monbet s'applique à charger sa conduite, quand il s'aperçoit que Guinard est menacé d'un verdict affirmatif. Nous oserions certifier une chose, quant au résultat du procès de Versailles, en ce qui concerne Monbet : c'est que le seul regret qu'il éprouve, c'est d'avoir obtenu les circonstances atténuantes, quand il n'y en avait pas pour son *brave colonel*, et de n'être condamné qu'à la détention, lorsqu'il y avait la déportation pour Guinard.

Il est vrai qu'il a trouvé une compensation à son malheur : c'est d'être conduit dans la même voiture cellulaire que Guinard, et d'être emprisonné à deux pas de lui dans le même corps de bâtiment. — C'est toujours cela de gagné.

FRABOULET DE CHALENDAR. — Sous le dernier gouvernement, un journaliste de province, connu par l'énergie de son opposition, eut à subir le plus singulier procès. Il s'agissait d'un procureur du roi qui, devant la porte d'un collége électoral, avait menacé un notaire de l'impliquer dans une procédure criminelle qu'il instruisait, s'il ne votait pas pour le candidat ministériel. Le fait fut consigné sur une protestation signée de vingt-deux électeurs. Le parquet les comprit tous dans la poursuite. Ils demandèrent, avec le journaliste, à faire la preuve en audience pu-

blique. Mais la Cour saisie de la question de compétence, déclara que le jury ne pouvait connaître de
l'affaire, sur le motif que le procureur du roi, n'étant
pas en robe dans le moment où on l'accusait d'avoir te-
le propos, n'était pas censé dans l'exercice de ses
fonctions! Le journaliste et les vingt-deux électeurs
furent condamnés à l'amende et aux frais.

M. Suin, l'avocat-général, qui a si longuement parlé
dans le procès de Versailles, a une doctrine tout op-
posée. Pour lui, qu'un magistrat soit au lit, à la chasse,
à boire du punch ou à danser, il est toujours dans
l'exercice de ses fonctions. Fraboulet de Chalendar,
habitant Chatellerault, avait donné un soufflet à un
substitut du procureur du roi pour un motif tout politique. Ce soufflet, le substitut l'avait reçu, non pas
au tribunal, non pas dans son cabinet, mais au spectacle, dans un couloir, pendant la représentation.
Vous croyez sans doute que cette offense il faut la
considérer comme faite à un simple particulier? C'est
ainsi que l'entendait Fraboulet, qui, en se disculpant,
à la première audience, d'un autre fait qui lui était
imputé à tort dans l'acte d'accusation, l'avait expliqué
à MM. les jurés de la haute Cour de Versailles. Mais
Fraboulet avait compté sans l'ineffable M. Suin. Le
moment du réquisitoire venu, cet illustre avocat-général, flanqué de pièces judiciaires et certifiées véri-
tables, a non-seulement voulu démontrer le soufflet,
qui n'était point contesté, mais encore prouver, c

16.

qui était plus difficile, que c'était bien au magistrat qu'on avait voulu le donner.

A. Fraboulet de Chalendar, né en 1800, à Hennebon, dans le Morbihan, vint à Paris tout enfant pour y faire ses premières études. Il entra au lycée impérial, depuis collége Louis-le-Grand ; mais, comme la plupart des jeunes gens de son âge, le tambour qu'il entendait, même dans l'enceinte du lycée, l'entraînait plutôt vers la carrière des armes qu'il ne le portait à méditer sur les écrivains de l'antiquité profane. Aussi, après avoir appris avec désespoir la restauration de 1815, saisit-il avec empressement le débarquement de l'empereur à Cannes, pour s'engager et courir aux frontières, menacées par la Sainte-Alliance des rois.

Trouvé d'abord trop jeune pour entrer dans l'armée, il entra alors pour la première fois dans l'artillerie de la garde nationale parisienne, qui formait une section des fédérés. Le parc de cette milice, les Parisiens du temps ne l'ont pas oublié, fut d'abord établi dans la cour du petit Luxembourg, plus tard dans l'avenue de l Observatoire, et enfin au Grand-Montrouge. Là, ces patriotes, soldats improvisés, munis de treize pièces d'artillerie, dont six de campagne, cinq de siége et deux de petit calibre, se retranchèrent fortement et organisèrent des batteries. Instruits par des officiers et des sous-officiers pris dans l'armée ; possesseurs d'un drapeau qu'ils avaient reçu des mains mêmes de l'empereur, ce ne fut pas sans de vives protestations de leur part que fut signée la honteuse capitulation de Paris. Fraboulet, blessé dans un engagement de tirailleurs, entre Vanves et Montrouge, trouva quelque compensation à ce malheur dans le souvenir d'avoir fait son devoir.

En 1846, au moment où s'organisait la cavalerie, Fraboulet, qui espérait un jour servir utilement la France et ses idées, s'engagea dans le 14e régiment de chasseurs. Mais, un an après, dégoûté des opinions qui avaient cours, il se fit remplacer. Cependant telle est la force des penchants chez l'homme, que Fraboulet s'engagea de nouveau en 1849. La lutte se rétablit si vite entre son attrait naturel pour les armes et l'indépendance de son caractère, qu'il fit agréer un second remplaçant en 1820, et quitta définitivement alors l'état militaire.

Pendant les loisirs que lui avait laissés sa retrait momentanée du service, Fraboulet avait étudié le droit à Paris et à Poitiers, où se trouvait un de ses oncles, conseiller à la Cour royale, et non moins connu pour ses opinions avancées que par la loyauté et l'intégrité de son caractère.

Malgré la protection morale qui devait s'étendre sur lui, Fraboulet, mêlé à diverses manifestations libérales, soit à Paris, soit à Poitiers, eut à souffrir beaucoup de persécutions. Le procureur-général Mangin, de si triste mémoire, l'ayant forcé de quitter Poitiers, à la fin de 1821, Fraboulet fut, en 1822, s'établir à Chatellerault, où il fut, comme précédemment, en butte à toutes les tracasseries de MM. les royalistes.

L'aventure du soufflet, dont nous avons parlé au début de cet article, se reporte à l'année 1827. Fraboulet ayant eu, au spectacle, une querelle avec un ancien camarade de collége, et se croyant insulté, le frappa au visage pendant l'altercation. Le substitut, une heure après, le fit provoquer en duel; mais ce n'était qu'un moyen de détourner l'attention, car à l'issue du spectacle Fraboulet était arrêté.

La coterie royaliste, qui jusque-là n'avait pu suffisamment satisfaire ses haines, saisit avec empressement cette occasion de les servir. Après quatre mois de prévention, et sur les conclusions du procureur du roi Mangin, frère du procureur-général Mangin, le tribunal de Chatellerault condamna Fraboulet à deux années d'emprisonnement. Il fit appe' devant la Cour de Poitiers; mais il lui arriva ce qui plus tard est arrivé à Bergeron, pour le soufflet donné à M. de Girardin: la Cour le condamna à trois années d'emprisonnement au lieu de deux, attendu que, suivant elle, le fait d'avoir ôté son gant avant de frapper au visage le substitut, constituait la préméditation.

On avait voulu alors, comme M. Suin a voulu depuis, joindre une seconde agression à cette première et seule agression. Mais si mal que fussent disposés les magistrats pour le prévenu, ils furent obligés de reconnaître, quant à ce nouveau fait, qu'on l'accusait sans fondement.

Ce n'est qu'après la révolution de 1830 que les portes de la prison furent ouvertes à Fraboulet. Aussi ne put-il prendre aucune part au mouvement de juillet. Mais de retour à Chatellerault, il y organisa, à l'aide de ses souvenirs de 1815, une subdivision d'artillerie qu'il commanda en second, comme lieutenant, après avoir été quelque temps fourrier et nommé, pour l'un comme pour l'autre grade, à l'unanimité des suffrages.

En 1834, Fraboulet vint de nouveau se fixer à Paris qu'il ne cessa plus d'habiter. Outre que la marche du pouvoir et ce qu'il croyait une adhésion de la majorité l'avaient un peu dégoûté de la politique, les soins qu'exigeait une mère nonagénaire qu'il ne voulait pas, en bon fils, confier à des soins rétribués, l'empêchèrent de se mêler au mouvement et au travail plus ou moins ouverts, mais incessants, qui se faisaient dans le parti républicain.

Cependant, dès le 25 février, le lendemain de la proclamation de la République, Fraboulet fut à l'Hôtel-de-Ville demander la réorganisation de l'artillerie parisienne. Lorsqu'elle eut lieu, Fraboulet, comme habitant des Batignolles, entra dans la 14e batterie. Le moment venu de la nomination des officiers, un grand nombre de citoyens lui offrirent de le porter au grade de chef de bataillon; il accepta; mais une intrigue le fit se retirer de son propre mouvement. Quelques mois après, le capitaine en second de la batterie ayant donné sa démission, Fraboulet fut nommé à sa place à l'unanimité moins une voix, la sienne probablement. Trois mois plus tard, il était capitaine commandant.

Il y a sur cette batterie des Batignolles une observation qui mérite d'être mentionnée. Sur environ
deux cents canonniers au plus qui se trouvaient au
Conservatoire des Arts-et-Métiers, le 13 juin, quarante appartenaient à la 14e batterie ; sur une qua-
rantaine d'artilleurs arrêtés, dix-neuf étaient de la
14e batterie ; enfin des neuf soldats ou officiers cités
devant la haute Cour de Versailles, trois, c'est-à-dire
le tiers des prévenus, appartenaient à la 14e batterie :
Angelot, le lieutenant Vernon et le capitaine Fraboulet. Nous nous contentons d'exposer le fait, laissant
au lecteur le soin d'en tirer les conséquences.

La confiance des démocrates des Batignolles pour
Fraboulet le firent déléguer au Comité central pour
l'élection du 10 décembre, et plus tard délégué au Comité démocratique-socialiste, à l'unanimité moins
deux voix, sur environ huit cents votants. Avec les
hostilités que, dans une position tranchée, il est ordinaire qu'on soulève, de pareils résultats sont trop
rares pour qu'on doive les passer sous silence. Ajoutons, pour donner une complète idée de l'estime que
les démocrates des Batignolles ont pour Fraboulet, que
lors de la formation du bureau de correspondance de
la *Banque du Peuple* dans cette banlieue, il fut nommé, sans l'avoir sollicité, vice-président du bureau.

Il n'entre pas dans notre plan de dire ce que Fraboulet a pu faire au Conservatoire dans la journée du
13 juin. Dès qu'il a résolu, comme les autres accusés, de ne pas se défendre, nous devons respecter son

silence. Mais nous pouvons, sans manquer à la ré-
serve que les convenances nous imposent, dire au
moins ce qui résulte des débats : c'est que Fraboulet
fut atteint d'un coup de baïonnette, en voulant empêcher de faire feu. Ainsi les deux blessures qu'il a re-
çues sont dues à son désir d'épargner le sang français ; seulement la première à un Prussien, la seconde à un compatriote.

Fraboulet a peu parlé dans les débats de Versailles ;
mais les quelques paroles qu'il a dites ont été à bon
droit remarquées. A la première audience, il a été spirituel et incisif; à la dernière, il a laissé deviner
qu'il y avait entre le président de la haute Cour et lui
un mystère dont la révélation pourrait bien n'être pas
à l'avantage du président, qui trouve si naturel aujourd'hui de frapper les conspirateurs. Mais il n'appartient qu'à lui de lever le voile que, jusqu'à ce jour,
il a tenu baissé.

Condamné à la détention seulement, par suite des
circonstances atténuantes, Fraboulet, en entendant le
verdict, a fait un geste de dédain comme pour dire
au jury : Qui donc vous les demandait?

KERSAUSIE. — En 1830, lors de la révolution
de Juillet, Kersausie se trouvait à Pontivy, avec le
4ᵉ hussards, où il était capitaine. Il enleva, par la
promptitude de sa détermination, le régiment, en faveur du nouvel ordre de choses; et dès ce moment,

ce ne fut plus un soldat, mais un homme politique, dans toute l'acception du mot.

Descendant, par les femmes, du célèbre Latour-d'Auvergne, si Kersausie n'avait eu dans le caractère qu'une demi-indépendance et des allures d'opposition incertaine, il aurait pu aller fort loin ; car c'était un excellent militaire, et le gouvernement lui aurait assurément beaucoup passé. Mais c'est un républicain d'une telle trempe, qu'il ne lui était pas possible de garder l'uniforme, après être une première fois entré dans la vie politique militante.

Aussi Louis-Philippe ne faisait pour ainsi dire que de monter sur le trône, lorsque le général Brayer, qui commandait à Strasbourg et auquel on l'avait attaché comme officier d'ordonnance, demanda qu'on le rappelât.

Kersausie quitta alors le service ; mais il ne renonça point aux combats. Il renonça moins encore à l'espoir de renverser la nouvelle monarchie, comme ne l'ont que trop montré ses luttes et ses efforts de tous genres pendant dix-huit ans.

En 1832, il était au cloître Saint-Méry, et ce fut un de ceux qui contribuèrent le plus efficacement à ce prodigieux combat qui compta autant de héros que de républicains.

Vaincu, mais non découragé, Kersausie veut tenter plus tard par la presse ce qu'il n'a pu réaliser par le fusil, et, de concert avec Raspail, il fonde, en 1834, *le Réformateur*, dans lequel il consacre une notable partie de sa belle fortune.

Ce concours toutefois était sans préjudice de celui
qu'il se proposait d'offrir en toute circonstance aux républicains d'action. Le procès d'avril 1835, dans lequel Kersausie se trouva compromis avec tant d'autres excellents démocrates , se chargea bientôt de le
prouver.

Parti de Sainte-Pélagie, avec toutes les autres victimes de la Cour des pairs, Kersausie trouva le moyen,
on ne sait pas quel prodige, d'être toujours, et au moment voulu, où la liberté avait besoin de soldats.
Lorsqu'il permettra de parler, et qu'il aura donné son
secret, son histoire sera certainement une des plus
curieuses et des plus accidentées de ces temps.

Le ministère public, qui ne voulait pas, comme on
sait, faire de procès de tendance, avait dit dans l'acte
d'accusation que Kersausie faisait partie de la manifestation, « qui, le 15 mai, avait envahi l'Assemblée
nationale. » Nous n'avons pas souvenir cependant
qu'il ait été poursuivi pour ce fait.

Quelques jours avant le 13 juin, il parcourait, as-
sure-t-on, l'Italie ; sans doute pour voir, par l'esprit
des populations, si tout espoir était perdu pour la
République, et si bientôt la démocratie n'y verrait pas
luire un nouveau jour. Était-il à Paris au moment de
la manifestation ? L'accusation le prétend ; mais, à
notre avis, rien dans la procédure ne le prouve ; pas
même les dépositions de témoins fort suspects, qui
prétendent l'avoir vu au Conservatoire, où certainement il n'est pas allé.

Le seul fait incontestable, c'est que Kersausie est condamné à la déportation comme coupable de complot et d'attentat. Le reste s'éclaircira plus tard !

VILLAIN. — C'est pour la seconde fois, depuis la révolution de Février, que Villain comparaît devant la haute Cour de justice; seulement, à Bourges, où il était présent, il fut acquitté après mûrs débats; à Versailles, où il n'a pas paru, on l'a condamné à la déportation. Était-il plus coupable pour l'affaire du 13 juin qu'il ne l'était pour celle du 15 mai? L'accusation dit que oui; mais l'accusation s'est trompée une fois, elle pourrait bien se tromper encore. Quant à l'arrêt de la haute Cour de Versailles, on sait qu'il n'est pas sans appel, s'il plaît aujourd'hui ou demain à Villain comme à tout autre accusé, jugé sans jury, de purger sa contumace; ce qui pourrait bien arriver.

Le citoyen Joseph-Lépold Villain, ingénieur mécanicien, que l'accusation indique comme ayant trente-huit ans, est âgé de quarante ans environ. Homme de caractère entreprenant et résolu, il aurait, suivant l'expression d'un avocat-général qui requérait contre lui, eu la main dans tous les coups tentés par le parti depuis vingt ans.

Ce qu'il y a de certain, c'est qu'il était un des combattants dans l'insurrection de 1832, et qu'il a été poursuivi, en 1835, devant la Cour des pairs, comme membre de la *Société des Droits de l'homme*, et comme ayant pris part au mouvement de 1834. Après le jugement, si l'on peut appeler cela un jugement, il s'évada de Sainte-Pélagie, avec tous les autres condamnés.

Dès le mois de février 1848, Villain reconstitua la *Société des Droits de l'homme*, dont il devint le président.

Toutes les fois qu'un mouvement éclate, il est des hommes que la police fait nécessairement arrêter, même sans indice d'une complicité quelconque. Villain, traduit devant la haute Cour de Bourges, beaucoup plus à cause de ses antécédents que pour la moindre preuve de sa participation à la manifestation du 15 mai, fut acquitté après débats.

Impliqué dans l'affaire du 13 juin 1849, Villain a été cette fois condamné à la déportation; mais, comme nous l'avons déjà dit, par contumace seulement, car la police n'a pu le saisir.

* **KLÉBER.** — Ce nom rappelle un des guerriers les plus illustres de notre histoire. O glorieux Kléber! lorsque, tombé au Caire, sous le fer d'un assassin, tu pus, reportant ta pensée vers la France, qui dut avoir la dernière sensation de ton âme, te rappeler tes prodigieux combats, tu ne te doutais guère qu'un jour, un de tes descendants, soldat comme toi, serait poursuivi, condamné par le pays que ta valeur contribua à élever si haut dans l'admiration du monde.

Le citoyen Arthur Kléber, né à Paris en 1818, est fils d'un chef de bataillon en retraite qui a fait presque toutes les guerres de l'Empire. Le nom de son père a été souvent cité avec honneur, dans les bulletins de l'armée, jusqu'en 1836, époque où, dégoûté du service, il rentra dans la vie civile, âgé seulement de quarante-huit ans. Il avait fait 22 campagnes et comptait 32 ans de service sous les armes.

Son fils, Arthur Kléber, après avoir fait d'excellentes études à La Flèche, entra à l'école de St-Cyr, d'où il sortit en très-bon rang dans le courant de 1838.

Nommé sous-lieutenant au 4ᵉ régiment de ligne, Kléber, au lieu d'adopter le genre de vie assez ordinaire aux officiers en garnison, c'est-à-dire la perte systématique du temps, consacra ses loisirs à l'étude. Au dire de ses camarades, il y fit des progrès remarquables. Les sciences les plus difficiles lui devinrent familières, et, en peu d'années, il connut la géologie, la minéralogie, l'histoire naturelle, la numismatique, l'archéologie et plusieurs langues étrangères.

Sous le gouvernement déchu, Arthur Kléber s'attira, dans son régiment, une foule de persécutions par l'ardente opposition qu'il faisait au système corrupteur de Louis-Philippe. Aussi salua-t-il la révolution de Février avec bonheur, dans l'espoir qu'elle ferait cesser pour l'armée le régime de favoritisme et d'intrigue qui la souillait depuis longtemps.

Cette pensée le fit se vouer avec enthousiasme à la défense des principes consacrés par les fondateurs de la République. Mais les espérances qu'il avait conçues, avec tous les bons patriotes, sur un avenir meilleur, ne furent pas de longue durée. Il reprit alors le cours de ses études paisibles et sérieuses. Il est d'ailleurs remarquable qu'avec un nom comme le sien, qui pouvait le mener si loin, Arthur Kléber ne fit aucune démarche pour conquérir un poste avantageux.

Arthur Kléber, qui déplora la sanglante lutte de juin 1848, fut assez heureux pour n'y prendre aucune part. Dès ce jour toutefois, il s'éleva hautement contre les manœuvres de la contre-révolution, qui essayait déjà de semer la division dans les rangs de l'armée.

A l'avènement du ministère Barrot, et dans les diverses circonstances où la République fut sérieusement menacée, comme dans la journée du 29 janvier, par exemple, Arthur Kléber sut, au péril d'une dénonciation imminente, flétrir par d'énergiques paroles la marche suivie par le pouvoir. Cette opposition courageuse le rendit suspect aux yeux de ses chefs.

Mais déjà l'armée pliait sous une verge de fer, et n'osait plus manifester qu'en secret ses opinions démocratiques. Le patriotisme et l'enthousiasme étaient traités de démagogie et regardés comme subversifs de la discipline.

Cependant, le 13 juin, au moment où la Constitution violée demandait une énergique réprobation de la part de tous les amis sincères de la démocratie, Kléber, pour satisfaire à la voix de sa conscience, se crut autorisé à faire entendre le cri de *Vive la Constitution!* Dénoncé immédiatement à son colonel par les deux officiers de sa compagnie, il fut aussitôt l'objet d'un rapport à l'autorité supérieure, qui le fit traduire devant un conseil de guerre comme accusé : 1° de trahison en proférant des cris séditieux tendant à jeter la désunion dans les rangs de la troupe placée sous ses ordres; 2° d'abandon de son poste au moment du combat, en présence des insurgés.

Condamné à mort, à l'unanimité, sur le premier chef seulement, sa peine fut commuée en celle de dix ans de détention par le président de la République. Mais sans doute que sa commutation parut au gouvernement une faveur trop grande. Il chercha alors à la lui faire expier par quelque abominable humiliation. Arthur Kléber a donc été pendant trois mois enfermé, non avec des condamnés politiques, mais à la prison de la Roquette, côte à côte avec les voleurs, les assassins !

Enfin, on a fait, au pouvoir, un retour sur soi-même; et aujourd'hui Arthur Kléber est à la citadelle de Doullens, avec les condamnés de la haute Cour de Versailles !

Imprimerie centrale de NAPOLÉON CHAIX et C°, rue Bergère, 20.